요한복음
생명을 주시는 예수

나구용 지음

LIVING IN FAITH SERIES
JOHN

Copyright © 2005 by Cokesbury

All rights reserved.

No part of this work may be reproduced or transmitted in any form or by any means, electronic or mechanical, including photocopying and recording, or by any information or retrieval system, except as may be expressly permitted in the 1976 Copyright Act or in writing from the publisher. Requests for permission should be addressed in writing to Permissions Office, 201 Eighth Avenue, South, P. O. Box 801, Nashville, TN 37202, or faxed to 615-749-6512.

Scripture quotations in this publication, unless otherwise indicated, are taken from THE HOLY BIBLE with REFERENCE Old and New Testaments New Korean Revised Version © Korean Bible Society 1998, 2000. Used by permission by Korean Bible Society. All rights reserved.

Writer: Koo Yong Na
Cover credit: © Digital Vision Royalty Free Collection

Nashville
MANUFACTURED IN THE UNITED STATES OF AMERICA

차 례

제1과 말씀이 육신 되신 예수님 ·················· 5

제2과 이적과 믿음 ································10

제3과 예수님에 대한 반응들 ······················16

제4과 증표이신 예수님 ···························23

제5과 예수님에 대한 반대 ························28

제6과 예수님은 누구이신가? ·····················34

제7과 예수님의 마지막 예루살렘 입성 ············40

제8과 고별의 말씀 ································46

제9과 예수님의 잡히심과 십자가 ·················52

제10과 부활과 사명 ································57

제1과
말씀이 육신 되신 예수님
요한복음 1:1-51

1. 성경 이해

예수님은 누구이신가? 요한복음은 예수님이 그리스도이시며, 하나님의 아들이심을 믿게 하여 생명을 얻게 하려고 쓴 복음서이다 (요한복음 20:30-31).

서문: 육신이 되신 말씀 (1:1-18)

요한복음은 서문에서 예수님에 관한 이야기를 탄생 기사로부터 시작하지 아니하고 시(poem)로 시작한다. 이 시는 세 부분으로 나뉜다.

시의 첫 부분(1-5절)에서는 "말씀과 하나님과의 관계"와 창조를 위한 "말씀의 역할"에 대하여 말하고 있다. 이 부분에서 예수님에 관한 이야기를 하나님의 창조 역사 이전에서 설명하면서 세상의 빛으로 오신 말씀을 기록하고 있다. 그러면서 동시에 예수님의 삶과 죽음을 살짝 보여주고 있다. "그 빛이 어둠 속에서 비치니, 어둠이 그 빛을 이기지 못하였다" (5절, 성경전서 새번역). 이 구절은 빛과 어둠의 싸움과 그리스도의 고난을 암시하고 있다. 이 암시는 자동적으로 예수님의 "성육하심"을 가리키고 있는 것이다.

시의 둘째 부분(9-13절)에서는 세상 속에서 행한 "말씀의 역할"을 말하고 있다. "말씀"이 예수님 안에서 빛으로 역할을 하였지만, 세상 사람들은 빛으로 오신 예수님을 영접하지 않았다. 요한복음은 여기에서 "세상"이라는 새로운 개념을 소개하는데, "세상"은 하나님의 사랑의 대상이지 심판의 대상이 아니다 (3:16-19).

그러나 세상은 "빛"을 거부함으로써 스스로 심판을 받았다. 예수님은 위에서 나신 분이기 때문에 (8:23) 세상에 속한 분이 아니고, 세상에 생명을 주려고 오신 분이시다 (6:33). 그는 아버지로부터 이 세상에 내려오셨고, 이 세상을 떠나 다시 아버지에게로 올라가실 분이시다 (16:28). 이 "세상"은 예수님이 선교하시는 목적지이다. 그러나 세상은 예수님을 거부했고, 그를 따르는 자들을 미워했다 (17:14). 이 "세상"은 죄 덩어리이지만, 하나님께서 사랑하시는 선교의 대상이다.

그리고 이 둘째 부분의 마지막에는 "믿음"에 대하여 말하고 있다. 그를 "영접"하고 "그 이름을 믿는 사람들"에게는 하나님의 자녀가 되는 특권을 주셨다 (1:12). 예수님의 이름을 믿는 것은 너무나 능력이 있고 중요한 일이기 때문에, 믿는 자는 누구든지 하나님의 자녀로 다시 태어나게 된다.

시의 셋째 부분(14-18절)에서는 "말씀"이 육신이 되어 우리 가운데 거하심을 아주 명확하게 말하고 있으며, 그분이 바로 은혜와 진리가 충만한 예수님이심을 증거하고 있다. 예수님은 하나님의 아들로서 육신을 입고 하나님을 보여주셨고, 하나님의 영광을 나타내신 분이시다. 셋째 부분에서 저자는 다시 세례 요한의 증언을 통하여 예수님을 믿어야 하는 것을 강조하고 있다.

세례 요한의 증언과 첫 번 제자들 (1:19-51)

요한복음은 이렇게 서론 부분을 소개한 후에 세례 요한을 소개한다. 첫째로, 세례 요한은 자신은 그리스도 아니오, 예언자도 아니오, 엘리야도 아니라고 명확하게 말하면서, 자신은 단지 주님이 오시는 길을 준비할 뿐이라고 말하고 있다.

둘째로, 자신은 물로 세례를 주지만, 뒤에 오시는 분은 성령으로 세례를 베풀 것이라고 말함으로써, 요한은 자기 뒤에 오시는 분을 더 위대한 사람으로 소개하고 있다.

셋째로, 세례 요한은 예수님을 "세상 죄를 지고 가는 하나님의 어린 양"으로 증언하고 있다. 세상을 구원하시는 구세주로서의 예수님의 역할을 나타내고 있는 것이다. "하나님의 어린양"은 구약에서 말하는 "속죄물"이 되셨음을 의미하고 있기 때문이다 (이사야 53:10).

넷째로, 세례 요한은 예수님이 예언자보다 더 크신 "하나님의 아들"이심을 증언하고 있다. 요한은 지금까지 자기가 증언해 왔던 그분이 바로 예수님이라고 외치고 있는 것이다.

우리는 요한복음에 나타난 예수님에 대한 여러 가지 명칭들을 알아둘 필요가 있다. 이 명칭들은 예수님이 누구이심을 잘 설명해 주고 있다. (1) 세상의 근원에서 설명할 때에 예수님을 말씀, 생명, 빛으로 부르고 있다. (2) 하나님과의 관계에서 설명할 때 예수님을 아버지의 아들 또는 하나님의 아들로 부르고 있다. (3) 예수님의 역할을 나타내는 명칭으로는 그리스도 (메시아), 이스라엘의 왕, 랍비라 칭하고 있다. (4) 예언자나 재림자로 말할 때는 예수님을 하나님의 어린 양 혹은 인자로 표현하고 있다.

2. 생활 속의 이야기

　예수께서 말씀이 육신이 되어 태어나셨다 함은 볼 수 없는 하나님이 우리가 볼 수 있도록 나타나셨다는 뜻이다. 우리의 믿음도 마찬가지이어야 한다. 믿음이라는 추상적인 개념이 삶 속에서 실제적인 사실로 나타나야 한다. 우리는 "믿는다는 것"과 "산다는 것"을 너무 분리하여 생각하고 있다. 믿음은 실천되어야 하며, 믿음은 삶 속에서 나타나야 한다.
　아내를 죽인 한 남편이 있다. 이 두 사람은 같이 교회에 다니며 믿음생활을 했다. 대체로 여성은 남성보다 더 종교적인가 보다. 이 부인은 믿음을 갖게 되면서 교회생활에 전념을 다하기 시작했다. 가정을 돌보는 것도 등한히 하며 거의 매일 교회에서만 사는 것이었다. 그러자 남편하고 말다툼이 생기기 시작했으며, 남편이 아내에게 손 지검을 하기 시작했다. 남편은 아내의 목을 졸랐다. 그런데 그 순간 남편의 마음속에 "그냥 죽여 버리자"라는 생각이 들었다고 한다. 남편은 아내를 목 졸라죽인 것이다. 이 가정이 차라리 교회에 다니지 않았으면 이런 일이 일어나지 않았을지도 모른다. 이 부부의 믿음이 생활화되어 있었더라면 이러한 불상사가 생기지 않았을 것이다.
　이 가정에서 우리가 깨달아야 할 점은 무엇인가? 그것은 우리가 믿되 잘 믿어야 한다는 것이다. 그러면 어떻게 해야 잘 믿을 수 있는가? 보이지 않는 믿음이 매일 삶 속에서 나타나도록 하는 것이 잘 믿는 것이다. 믿음이 생활화되어져야 한다는 뜻이다. 교회만이 거룩한 하나님의 터전이 아니다. 가정도 거룩하고, 사회도 하나님의 말씀이 실천되어져야 하는 거룩한 터전이 되어야 한다.

3. 묵상을 위한 질문

(1) 나에게 예수님은 누구이신가?
(2) 나는 세례 요한 같이 남을 높이기 위해서 나를 낮추어 보았는가?

4. 결단에의 초청

아직까지 예수님이 나의 주인이라는 고백이 없이 교회생활을 해오셨다면, 이 문제를 놓고 하나님 앞에 무릎 꿇고 간절히 기도해 보셔야 합니다. 이 문제가 해결되지 않고서는 우리는 예수님을 진실로 믿을 수가 없기 때문입니다. 예수님이 나의 주님이라고 말하고 고백하면서도 실생활에서는 내가 나의 주인 노릇을 하며 살고 있지는 않습니까?

한인교회 안에는 분란이 많습니다. 이 분란의 대부분은 교회 지도자들 간의 권력 다툼에서 생기고 있습니다. 누가 교회를 움직이느냐 하는 것이 문제로 되어 있습니다. 이것은 질문부터 잘못되어 있는 것입니다. 교회를 움직이시는 분은 하나님이시지, 목사도 아니요 장로도 아닙니다.

세례 요한은 자기는 쇠하여야 하겠고, 예수님은 흥하여야 한다고 고백했습니다. 교회 지도자들은 예수님을 높이기 위해서 쇠할 줄을 알아야 합니다. 예수님은 만드시는 분이시오, 우리는 그의 작품에 불과합니다. 만들어진 작품은 만든 자보다 결코 위대할 수가 없습니다. 만들어진 작품은 만든 자의 영광을 위하여 있는 것입니다.

제2과
이적과 믿음
요한복음 2:1 - 3:36

1. 성경 이해

가나의 혼인잔치에서 일어난 이적 이후, 예수님의 사역은 새로운 국면을 보여준다. 예수님의 극적인 이적 사건과 성전을 뒤엎으신 예언자적인 활동은 그의 성품과 사역을 나타내 주는 것인데, "말씀"이 예수님 안에서 육신으로 나타나셨음을 사람들로 하여금 믿게 하려는 데 그 목적이 있다.

가나의 혼인잔치 (2:1-11)

가나의 혼인잔치 이야기에서 우리를 어리둥절하게 만드는 것이 두 가지 있다. 하나는 예수님과 어머니와의 관계이고, 다른 하나는 "내 때가 아직 이르지 아니하였나이다"(2:4)는 말씀이다.

예수님의 어머니가 잔치에 있어야 할 포도주가 떨어졌다는 사실을 예수님에게 알렸을 때, "여자여 나와 무슨 상관이 있나이까?" 라고 대답하셨다. 요한복음에서는 여인들을 말할 때 "여자"라는 말을 종종 쓰고 있는데, 저자의 뚜렷한 의도는 예수님이 이 세상에 속한 마리아의 아들이기보다는 말씀이 육신이 되신 하나님의 아들이심을 나타내려는 것에서였다.

또 다른 하나는 "내 때" (2:4) 라는 말이다. 여기서 말하는 "때"는 장차 올 결정적인 때를 말하는데, 특별히 예수님이 고난을 당하시는 때, 예수님의 영광이 나타날 때를 말한다. 그런데 혼인잔치에서 고난의 때를 말한다는 것은 이상하지 않은가? 예수님은 이적을 통해서 하나님의 영광을 나타내시지만, 십자가를 통해서도 하나님의 영광을 나타내신다는 것을 말하고 계신 것이다. 여기에서 "내 때" 라는 말은 예수님이 영광을 나타나실 때를 말하는 것이다.

예수님과 어머니가 나눈 대화의 내용과는 달리 예수님의 어머니는 하인들에게 예수님이 지시하는 대로 따르라고 말한다. 그리고 예수님은 또 요청 받은 그 일을 하신다. 십자가를 통하여 나타내시는 영광의 때는 아직 아니지만, 예수님은 이적을 통해서 영광을 나타내고 계신 것이다. 예수님이 행하신 첫 번째 이적은 단순히 혼인잔치를 보살펴주기 위한 것이라기보다는 예수님이 누구이신가를 보여주는 것이다. 이 이적을 통해서 예수님은 "그의 영광"을 나타내신 것이다.

"영광"이라는 말은 하나님의 강한 임재를 뜻한다. 출애굽기에서 모세의 얼굴에 나타난 강한 빛은 하나님의 강한 임재가 그와 함께 하고 계심을 나타내는 표현이다 (24:15-17). 그러므로 "영광"이라는 말은 하나님이 함께 하신다는 표시이다. 예수님이 베푸신 이적들 가운데서 하나님의 영광을 나타내시었으며, 하나님의 임재하심을 나타내신 것이다.

가나의 혼인잔치에서 얻어진 궁극적인 결과는 제자들이 예수님을 믿게 되었다는 사실이다. 결론적으로 이적들은 예수님의 하나님 되심을 나타내려 함이요, 그로 인해서 사람들이 예수님을 믿게 하기 위함인 것이다. 그러나 이것은 예수님을 받아들이는 자들에게만 이해되어진다.

성전을 깨끗하게 하심 (2:13-25)

공관복음서와는 달리 요한복음에서는 성전을 깨끗하게 하는 사건이 예수님 사역 초기에 기록되어 있는데, 그것은 예수님의 사역이 유대인 지도자들과 갈등 속에서 이루어지고 있음을 보여주고 있는 것이다.

성전을 깨끗하게 하는 사건은 성전을 정결케 한다는 뜻보다 더 심오하고, 혁명적인 의미가 있다. 유대인의 종교적 관습에서 볼 때에 지금 성전에서 행해지고 있는 일들은 잘못된 것이 하나도 없었다. 먼 곳에서 오는 사람들이 희생 제물을 바칠 수 있도록 짐승을 파는 것, 또한 성전 세금을 걷기 위하여 돈을 바꾸어주는 것도 다 필요한 일이었다. 그런데 왜 예수님은 성전을 깨끗하게 하셨을까?

예수님이 성전을 깨끗하게 하신 행위는 예언자적인 행위였다. 그는 지금 드려지고 있는 성전 예배를 거부하시는 것이었다. 더 나가서, 앞으로 있을 성전 파괴를 미리 보여주고 계신 것이다. "네가 이런 일을 행하니 무슨 표적을 우리에게 보이겠느냐" 하고 유대 사람들이 물었을 때, 예수님은 "이 성전을 헐라 내가 사흘 동안에 일으키리라" (2:18-19) 라고 대답하셨다. 이와 같은 예수님의 대답은 예수님이 앞으로 당하실 십자가의 고난을 예언하신 것이다. 예수께서 돌아가시고 사흘 만에 부활하신 후에, 제자들은 그 표징이 바로 예수님의 몸을 가리켰음을 깨닫게 되었다 (2:22).

기독교 신앙에서는 예수님이 교회의 몸이시며, 사람의 손으로 짓지 않은 새로운 성전인 것이다. 성전을 깨끗하게 하신 대로 예루살렘 성전은 주후 70년에 무너졌고, 성전 자체이신 예수님은 죽음을 당하셨다가 사흘 만에 다시 사셨다.

예수님과 니고데모 (3:1-21)

니고데모의 이름은 요한복음에서 세 번 언급된다. 첫 번은 밤중에 예수님을 찾아와 대화를 한 때였고, 두 번째는 성전 경비병이 예수님을 체포하려고 했을 때였고 (7:45-52), 세 번째는 돌아가신 예수님을 장사지내는 과정에서 언급되었다 (19:39). 니고데모는 공회위원의 한 사람으로 예수님을 잡아 죽이는 일에 동참한 사람이었지만, 동시에 예수님을 변명해 준 것으로 보아, 유대인 지도자들 중에서 예수님에게 마음이 좀 열려있던 사람이었음을 알 수 있다.

니고데모의 이야기는 밤중에 예수님을 찾아오는 일로부터 시작된다. 그가 밤중에 예수님을 찾아 온 것은 다른 유대인들의 눈을 두려워하였기 때문이기도 하였겠지만, "밤"은 그의 영적인 어두움을 상징하는 것이다 (3:19-21). 그는 예수님을 하나님의 특별한 일꾼으로 받아들일 마음의 준비를 하고 질문을 했다. 그러나 예수님은 니고데모의 잘못된 이해를 고쳐주려 하지 않고, 오히려 하나님 나라를 보려면 거듭나야 한다고 말씀하셨다. 그는 영적으로 무식하고, 믿음이 결핍된 자로 그 자리를 떠나게 되었다. 대화가 이루어지지 못한 이유는 "다시 태어나야 한다"는 말 때문이었다. 니고데모는 이 말을 "다시"라는 뜻으로 이해했고, 예수님은 이 말을 "위에서부터"라는 뜻으로 말씀하신 것이다.

예수님이 니고데모에게 하신 말씀은 다시 한번 믿음의 중요성을 강조하는 것이다. "그를 믿는 자마다 영생을 얻게 하려 하심이니라" (3:15) 라는 서론에서부터 명시한 주제가 반복되고 있다. 동시에, 믿지 않는 자는 그 행동으로 인해 영생을 받지 못하며, 벌써 정죄를 받은 것이다.

2. 생활 이야기

우리 교회는 흑인과 히스패닉과 유대인들이 주로 사는 곳에 위치하고 있다. 2년 전에 유대인들이 사용하던 건물을 매입해서 이사 오게 되었다. 사실 수년 전에 이 건물이 나와서 사려고 했었으나, 교인들이 이곳이 위험하다고 생각해서 건물 사는 것을 미루고 있었다. 그러다가 교회 건물이 더욱 절실히 필요해지자, 이구동성으로 이 건물을 사는 길 밖에는 다른 방도가 없다는 사실을 교인들이 깨닫게 되면서 모두 마음을 합하여 이 유대 성전을 매입하여 이사하게 되었다.

이사를 하고보니, 그렇게 우리가 걱정한 것처럼 지역이 위험하지 않았다. 오히려 지역 사람들은 우리를 환영해 주었고, 동네의 일원으로 맞이해 주었다. 우리도 그들에게 좋은 이웃이 되려고 동네 사람들을 초청하여 잔치도 하고, 불락 파티에 참석도 하고, 고등학생 장학금도 주고, 집 없는 이들을 돕고, 가난한 사람들을 위한 식량 조달에도 동참하고 있다.

우리가 이곳에 와서 한 가지 한 것은 교회의 뜰을 열어놓은 사실이다. 전에 있던 교인들은 동네 사람들이 교회 뜰을 밟지 못하게 했었다. 건물이 큰 불락(block)을 차지하기 때문에 교회 뜰을 열어놓으면 동네 사람들이 편리하게 거리를 단축하여 걸어 다닐 수가 있다. 그리고 그 분들이 교회 뜰을 지나갈 때 우리는 먼저 인사를 했다. "하이! 하우 아 유?" 처음에는 어리둥절하던 그들이 이제는 자연스럽게 서로 인사를 나눈다. 나는 이것을 이적이라고 생각한다. 우리 집 대문 하나 열어놓음으로 말미암아 인간과 인간들 사이에 막혀 있었던 담이 없어지기 시작한 것이다. 하나님의 영광을 가득히 나타내는 교회의 모습이 너무나 자랑스럽고 감사하다.

3. 묵상을 위한 질문

(1) 나는 혹시 다른 사람에 대한 선입관 때문에 그 사람을 잘못 대한 적은 없었는가? 그렇게 했을 때, 생겨난 결과는?

(2) 니고데모가 왜 밤중에 찾아 왔을까? 그리고 왜 예수님을 찾아 왔을까? 나는 왜 교회에 나가고 있는가?

4. 결단에의 초청

예수님은 니고데모가 다시 태어나기를 원하셨습니다. 예수님은 오늘 우리가 다시 태어나기를 원하십니다. 다시 태어나기 위해서는 우리의 옛 사람이 죽어야 합니다.

어떻게 하면 우리의 옛 사람이 죽을 수 있을까요? 만일 지금까지 내가 믿음 없이 교회생활을 하였다면, 그것을 정리하여야 합니다. 다시 태어나야 합니다. 다시 태어나는 일은 내가 노력한다고 되는 일이 아닙니다. 하나님께서 위에서 내려주시는 선물을 받아야 합니다. 하나님께서 성경말씀을 통하여, 목사님의 설교말씀을 통하여, 기도를 통하여 말씀하실 때 그 말씀을 받아서, 말씀에 따라 살면 됩니다. 받아야겠다고 마음 갖는 것이 우리가 하여야 할 결단입니다. 마음을 비우고, 단단한 마음을 부수어 뜨려 하나님이 주시는 선물을 받을 수 있기 위하여 준비합시다. 하나님이 주시는 선물인 성령을 받기 위하여, 나의 옛 모습을 죽이지 못하게 하는 걸림돌들을 내놓고 무릎을 꿇고 기도해 봅시다.

제3과
예수님에 대한 반응들
요한복음 4:1-5:47

1. 성경 이해

예수님과 사마리아 여인 (3:22-4:42)

요한복음에서는 예수님을 세상의 구주(4:42)로 명확하게 소개하기 위해서 그를 증거한 세례 요한 이야기 다음으로 예수님과 사마리아 여인의 대화를 기록하고 있다.

예수님이 사마리아 여인과 대화하신 사건에는 두 가지 의미가 포함되어 있다. 첫째로, 유대인이 아닌 이방인에게도 복음이 전파되어져야 한다는 것과, 둘째로, 누구든지 믿는 자에게는 예수님이 생명을 주신다는 사실이다. 예수께서 사마리아 여인과 대화한 사건은 예수님이 누구이신 것과 동시에 복음 전파의 당위성을 나타내주고 있는 사건이다.

마실 물을 달라하며 사마리아 여인과 대화하던 예수님은 갑자기 대화의 방향을 돌리신다. "네게 물 좀 달라 하는 이가 누구인 줄 알았더라면 네가 그에게 구하였을 것이요 그가 생수를 네게 주었으리라"고 말씀하신다 (4:10).

"생수"는 솟아오르는 물이오, 흘러가는 물이어서 고여 있는 우물물보다 더 좋은 물이다. 여인은 이 생수를 예수님에게 구한다. 그러나 아직 이 여인은 예수님이 말씀하시는 "생수"

의 영적인 의미를 깨닫지 못하고 있었다. 예수님이 말씀하신 "생수"는 마시는 물이 아니라, 예수님을 믿을 때, 믿는 사람 속에서 솟아나오는 것, 즉 사람에게 생명을 주는 질(quality)을 가리키는 것이다.

어리둥절하고 있는 여인에게 예수님은 남편을 데리고 오라고 하시면서, 자신의 모습을 보게 해주셨을 때, 이 여인은 예수님을 예언자로 보게 되었다. 예수님을 예언자로 보면서도, 이 여인은 사마리아인이 드리는 예배를 인정하지 않는 유대인들의 생각을 알기 때문에 유대인인 예수님에게 예배의 문제를 가지고 도전한다. 이때 예수님은 사마리아인이나 유대인은 "영과 진리"로 예배를 드려야 한다고 말씀하신다. 이 말씀을 통해서 예수님은 사마리아인이나 유대인이 똑같이 하나님께 나아갈 수 있음을 말씀하고 계신 것이다.

사마리아인들도 메시아가 오실 것을 기다리고 있었다. 따라서 이 여인도 예수께서 미래에 오실 메시아에 대하여 말씀하시는 것으로 알아들었다. 이 여인은 현재에 이루어진 메시아 사건으로 예수님의 말씀을 이해하지 못했다. 미래에 오실 그분이 이미 내 삶에 오신 것이다. 마침내는 예수께서 "내가 그로다" 하고 말씀하셨을 때, 이 여인은 예수님이 누구신지 이해하게 되었다. 그리하여 곧 마을로 돌아가 예수 그리스도에 대한 소식을 전하게 되었고, 그로 인하여 예수님을 만나게 된 사마리아인들이 예수님을 믿게 된 것이다.

그들은 고백했다. 단지 그 여인의 말 때문이 아니라, 그를 직접 만나보고 예수님이 온 세상의 구주이심을 알았다는 것이다. 그가 온 세상의 구주시라는 고백은 유대와 사마리아의 구분을 넘어서고, 더 나아가 이방인들에게까지 뻗치시는 하나님의 구원 계획을 증거하고 있는 것이다.

병을 고치시는 기적 (5:1-8)

예수님은 예루살렘에 있는 양문 곁 (히브리말로 베데스다) 연못가에서 38년 동안 병을 앓고 있던 병자를 고쳐주셨다. 그런데 이 기사는 그 병자를 고쳐준 이적 자체에 초점을 두기보다는 그로 인해 생겨난 논쟁에 초점을 두고 있다. 예수님이 그 병자를 안식일에 고쳐주신 연고로 "유대인들"은 예수님을 비판했다. 그에 대한 응답으로 예수께서는 "내 아버지께서 이제까지 일하시니 나도 일한다"고 말씀하셨다. 이러한 대답은 유대인들로 하여금 예수님을 공박할 수 있는 확실한 근거를 마련해 주는 것이었다. 유대인들이 예수님을 대적하는 근거는 다음과 같이 세 가지 진술로 요약된다. (1) 예수님이 안식일을 범하였다는 것이고, (2) 예수님이 하나님을 자기 아버지라 불렀다는 것이고, (3) 그러므로 예수님은 자기를 하나님과 동등한 위치에 놓으셨다는 것이다.

유대인들에게 있어서 안식일을 범하는 것은 하나님의 법을 어기는 중대한 잘못이다. 그러나 사실 안식을 어기는 것보다 더 큰 잘못은 하나님이 우리에게 요구하시는 하나님의 선한 일들을 우리가 실행하지 않는 것이다. 유대인들이 예수님에게 공박한 논리는 놀라울 정도로 정확한 진술이다. 다만 "유대인들"이 가지고 있는 문제는 예수님이 메시아이심을 알아보지 못하였다는 것이다. 그 이유는 그들이 어두움의 세력 아래에 있었기 때문이다. 그가 "자기 땅에 오매 자기 백성이 영접하지 아니하였"다(1:11)는 말씀처럼 그들이 예수님을 대적했던 것은 지식이 부족했기 때문이 아니라 빛의 부족, 즉 하나님의 아들을 겸손하게 영접하려는 신앙이 부족하였기 때문이다.

예수에 대한 증언의 권위 (5:19-47)

유대인들의 공박에 대해서 예수님은 자신에 대하여 세 가지를 들어 담대하게 변호하신다.

첫째로, 예수님이 하나님과 동등됨을 주장하시는 변호.

예수님은 하나님으로부터 보내심을 받은 대행자이시다. 그러므로 예수님의 모든 행적을 통하여 사실은 하나님의 역사가 드러나는 것이다. 예수님이 하나님의 일을 대신하는 분이시라면 예수님을 대적하는 것은 곧 하나님을 대적하는 것이다. "아들을 공경하지 아니하는 자는 그를 보내신 아버지도 공경하지 아니하느니라" (5:23 하반절).

둘째로, 예수님은 심판할 권한이 있다고 주장하는 변호.

이 심판에는 현재와 미래에 있을 두 가지 차원의 심판이 모두 들어있다. 예수님은 "인자"로서 마지막 날에 오셔서 심판하실 것이지만 동시에 현재에도 심판을 하고 계시다. 예수님을 영접하고 공경하는 사람들이 생명을 얻은 것은 현재적인 사건이다. 그러므로 심판은 종말적인 사건이면서 동시에 이미 우리의 현재의 삶 속에 일어나고 있는 사건이다.

셋째로, 예수께서 하나님과 동등됨을 주장하심으로써 신성모독의 죄를 범했다는 죄목에 대한 자신의 법적인 변호.

예수님은 자신의 주장을 뒷받침 할 세 가지 증거를 대신다. (1) 그들이 예언자로 인정한 세례 요한의 증언, (2) 그가 행하신 모든 표적들은 하나님이 친히 예수를 위하여 증언해주신 증표들임, (3) 그리고 성경의 증거이다. 예수님은 모세를 들어서 유대인들을 고발하고 있다. 예수님의 행적이 구약의 증거와 일치되는 것으로 받아들이지 않는 것은 하나님의 증언을 인정하지 않는 것과 같다.

2. 생활 속의 이야기

나의 장모님은 6.25 동란에 남편을 잃고 어린 4남매를 이끌고 피난길에 오르셨다. "아버지 없는 자녀들에게 무엇을 먹여 살릴까?" 라는 걱정보다 "이 자녀들을 어떻게 올바로 가르치고, 키울 수 있을까?" 하는 것이 더 걱정이 되셨다. 아마 당신이 교육가이셨기 때문이었으리라. 그녀가 하루 교회 종소리를 들었을 때, 이러한 생각이 들으셨다고 한다. "그렇지! 세계 4대 성현 중에 하나인 예수라고 하는 분의 가르침을 배워서 자녀교육을 시키면 되겠지" 라는 생각을 하게 되신 것이다. 그는 피난길에 머물러 있었던 집 주인에게 "나도 당신 따라서 교회에 가도 괜찮으냐?"고 물으셨다. 그는 이렇게 스스로 교회의 문을 두드리신 분이시다.

나의 장모님은 자녀교육을 위한 도덕적인 가르침을 얻기 위해 교회를 찾아가셨으나, 그곳에서 영생의 생수를 주시는 예수 그리스도를 인격적으로 만나셨다. 우물가에 물을 길러 나갔던 여인이, 영원히 목마르지 않을 생수가 되시는 예수님을 만났듯이, 나의 장모님도 생수가 되시는 메시아를 만나신 것이다. 또한 사마리아 여인이 동네로 내려가 자기가 만난 예수님을 메시아로 전파했듯이, 나의 장모님도 자기에게 영생을 주신 예수님을 구세주로 전파하기 시작하셨다.

이렇게 중요한 전도를 왜 아무도 본인에게 해준 사람이 없었는지 장모님은 그것이 궁금하셨다. 이 일이 다른 어떤 일들보다 더 귀하고 중요하기에 그녀는 자신의 일생을 다 바쳐 예수님을 메시아로 전하셨다. 어떤 때는 배고프고, 힘들고, 어려워도, 어떤 때는 많은 사람들로부터 이해 못하겠다고 비웃음을 당해도, 그녀는 예수님을 전하는 일에 일생을 바치셨다. 한 사람의 생명을 살리는 일보다 더 중요한 일이 없기에 그는 전심을 다해서 전도하셨다. 새로 교회에 나오는 사람들을 심방하고, 결석하면 찾아가고, 귀찮아하더라도 끈기를 가지고 잃어버린 영혼들을 찾아 다니셨다. 그래서 그녀는 교인들이 어디에 사는지를 다 알게 되었다. 번지도 없는 달동네에 사는 사람들의 집을 아는 사람은 교회에서 나의 장모님뿐이셨다. 그분 없이는 목사님이 대심방도 못하게 될 정도가 되었다. 그래서 나의 장모님이 나가시는 교회는 신학교도 졸업하지 않으신 장모님을 전도사로 세운 것이다.

자신의 삶뿐만 아니라 자신의 생명보다 더 귀한 4남매를 모두 주님의 종으로 하나님께 바치셨다. 나의 장모님이 눈물을 흘리시며 부르는 찬송이 있다. 통일찬송가 348장이다. 그는 새벽 제단을 쌓을 때마다 이 찬송을 부르셨다. "나의 생명 드리니 주여 받아 주셔서, 세상 살아 갈 동안 찬송하게 합소서." 그는 1절, 2절, 3절을 부르셨다. 그리고 4절은 가사를 바꾸어서 부르셨다. "나의 보화 해종, 증언, 영자, 영혜, 주여 받아 주셔서, 하늘나라 위하여 주 뜻대로 쓰소서."

3. 묵상을 위한 질문

(1) 예수 그리스도는 과연 나의 갈증을 해결시켜 주시는 분이신가? 그렇다면, 어떤 경우에 그렇게 느꼈는가?

(2) 주일을 성수하고 있는가? 주일에 어떤 일을 할 때 양심에 불편을 느꼈으며, 어떤 일을 할 때 기뻤는가?

(3) 나는 전도하고 있는가? 전도를 잘 하지 못한다면 그 이유는 무엇일까?

4. 결단에의 초청

예수님은 가시는 곳마다 생명을 살리셨습니다. 무엇으로도 자기 삶의 허탈을 채울 수 없었던 사마리아 여인에게 영원히 목마르지 않는 영생의 생수를 주셨습니다.

예수님은 베데스다 연못가에 누워 있던 38년 된 병자를 고쳐주셨습니다. 유대인들은 이런 예수 그리스도를 받아들여 영생을 얻었으면 좋았으련만, 오히려 안식일에 병을 고치셨다는 이유로 예수님을 핍박했습니다. 나의 생각에 맞지 않으면 거절하고, 나의 이익에 손해가 되면 거부하는 것과 마찬가지입니다. 나의 생각에 맞지 않아도, 나에게 손해가 되는 한이 있어도, 하나님의 뜻이라면 선택하여야 할 것입니다.

우리가 예수님의 제자라면, 과감히 일어나 죽어가는 사람들에게 삶의 희망을 주고, 생명이신 예수 그리스도를 전합시다. 우리가 가는 곳에는 어디든지 생명을 살리는 역사가 일어나도록 신앙생활을 합시다. 당신이 회의를 주관하는 그곳에 생명이 넘치도록 인도해 봅시다. 당신이 있는 사업체가 기쁨이 넘치는 장소가 되게 해 봅시다. 당신이 사는 가정에는 항상 웃음이 꽃 피우는 즐거운 곳이 되게 해 봅시다. 당신이 출석하는 교회는 하나님의 통치가 이루어지도록 하나님의 도구가 되어 봅시다.

이렇게 생명을 전하는 사람이 되려면, 우리는 먼저 생명을 주시는 살아 계신 예수님을 만나야 합니다. 살아 계신 주님을 만나 사람을 살리는 일에 우리의 생명을 바칩시다.

제4과
증표이신 예수님
요한복음 6:1-8:30

1. 성경 이해

5,000명을 먹이심 (6:1-24)

예수님은 예루살렘에서 가르치신 후에, 갈릴리로 가셨다. 그곳에서 예수님은 한 아이가 가져온 보리떡 다섯 개와 물고기 두 마리로 5,000명을 먹이는 이적을 행하셨다. 이 이적은 유월절이 가까운 때에 일어났다.

유월절에 이스라엘 백성들은 하나님께서 그들의 조상들을 광야에서 만나로 먹여주시던 일을 기념한다. 하나님께서 광야에서 만나로 사람들을 먹이셨듯이, 예수님도 광야로 모여드는 무리를 먹이신다. 큰 무리가 자기에게 오는 것을 보시고, 예수님은 빌립에게 물으셨다. "우리가 어디서 떡을 사서 이 사람들을 먹이겠느냐" (6:5)? 빌립은 대답했다. "이백 데나리온의 떡이 부족하리이다" (6:7). 빌립은 "할 수 없다"라고 부정적으로 대답하였다. 그에게는 아직도 예수님이 하나님이 보내신 분이라는 이해가 없었기 때문이다.

그러나 예수님은 그들에게 있는 것이 무엇인지 찾아보게 하셨고, 그것을 가져오게 하셨다. 그들이 가지고 있는 것은 아주 적은 것이었지만, 예수님이 축복하셨을 때, 그 적은 것으로 수많은 사람들을 먹이기에 충분한 양식이 되었다. 이 이적을 통해서 예수님의 신성이 나타나고 있는 것이다.

이 이적을 본 군중들은 예수님을 예언자로 (14절), 정치적인 왕으로 (15절) 오신 분으로 이해한다. 백성들은 예수님을 모세와 같은 "예언자"로 (신명기 18:15-18) 생각했을 것이며, 또한 말라기 선지자가 예언한 "주의 크고 두려운 날이 이르기 전에" (말라기 4:5) 오실 예언자 엘리야로 생각했을 것이다. 그리고 예수님을 다윗과 같은 이스라엘 나라를 회복할 정치적인 왕으로도 생각했을 것이다. 사람들이 기대했던 이 모든 역할을 다 감당하시는 분이심을 오병이어의 이적을 통해서 나타내고 있는 것이다.

하늘에서 내려온 양식 (6:22-71)

갈릴리 호수의 다른 쪽에 위치한 가버나움으로 장소가 옮겨지면서, 물 위로 걸어오신 예수님의 이적이 잠깐 언급되지만, 예수님이 베풀어 주신 "오병이어"의 주제가 계속 된다. "너희가 나를 찾는 것은 표적을 본 까닭이 아니오 떡을 먹고 배부른 까닭이로다" (6:26) 라고 말씀하시어 "오병이어"의 영적인 의미, 즉 예수님이 누구이신지를 나타내는 표징의 의미를 강조하고 계시다.

예수님은 "썩을 양식을 위하여 일하지 말고 영생하도록 있는 양식을 위하여 하라"(27절 상반절) 라고 말씀하신다. 그러나 군중들은 영생을 얻기 위하여 하여야 할 일이 무엇인지를 모른다 (28절). 그 일은 하나님께서 보내신 이를 믿는 것이라고 알려주어도 군중들은 아직도 예수님에 대한 정확한 이해가 없었다. 군중들이 이해하지 못하고 있었기 때문에 예수님은 당신 스스로가 하늘에서부터 내려온 생명의 떡이심을 선포하셨던 것이다 (6:35). 영적인 배고픔과 영적인 갈증을 채우려면 하나님이 보내신 이, 즉 생명의 떡이신 예수님을 믿어야 한다.

예수님은 생명을 주시는 떡이심을 두 가지로 설명하고 계신다. 하나는 하늘에서부터 내려온 참 만나로서, 예수님 자신이 바로 생명을 주시는 떡이심을 설명하고 계시다. 또 하나는 이 떡이 바로 예수님의 살과 피며, "이 떡을 먹으면 영생하리라 내가 줄 떡은 곧 세상의 생명을 위한 내 살이니라" (6:51) 라고 성만찬의 용어를 사용하여 설명하신다.

예수님은 (1) 자신이 바로 하늘에서부터 내려온 사람이요, (2) 사람들이 믿어야 할 대상이요, (3) 영생을 얻기 위해서는 그를 먹어야만 된다고 (떡과 포도주) 군중들에게 외치신 것이다.

이때 군중들은 그 말을 믿기가 힘들어 다들 하나 둘씩 떠나고 말았다 (6:6, 64, 66). 이와 같은 부정적인 반응은 오히려 예수님의 제자들로 하여금 예수님에 대한 그들의 믿음을 굳건하게 해주었다. "주여 영생의 말씀이 주께 있사오니 우리가 누구에게로 가오리이까 우리가 주는 하나님의 거룩하신 자이신 줄 믿고 알았사옵나이다" (6:68-69) 라고 베드로는 제자들을 대표하여 고백한다.

예수님이 군중들을 먹이시고, 또한 "오병이어"의 이적을 자신이 누구임을 나타내는 표증으로 설명하셨을 때, 그 반응들은 여러 가지 형태로 나타났던 것이다.

제4과 ◆ 증표이신 예수님

2. 생활 속의 이야기

　열 살밖에 안 되는 가난한 소년이 자전거를 사기 위해 코홀리개 돈을 저축하고 있었다. 자전거를 갖는 것이 그의 평생소원이었다. 어느 날 저녁, 소년은 아빠 엄마가 다른 나라에서는 먹을 것이 없어서 수많은 어린이들이 굶어 죽어가고 있다는 이야기를 서로 하고 있는 것을 듣게 되었다.
　그 이야기는 소년의 마음은 움직였고, 소년은 굶어 죽어가는 아이들을 돕기로 결심했다. 다음 날 아침 그는 저금통을 깨뜨려 저축한 14페소를 가지고 빵집으로 달려갔다. 그리고 그는 빵을 사서 그 지방 YMCA에 가지고 갔다. 이 빵을 가난한 나라 아이들에게 보내 달라고 부탁하고 돌아왔다.
　감동을 받은 YMCA 간사는 전화로 긴급회의를 소집하고 그 자리에서 소년이 기증한 빵을 경매에 붙였다. 그 빵은 1,254페소에 팔렸다. 다음 날 이 소년의 감동적인 이야기가 신문에 실렸고, 더 많은 모금이 들어 왔다. 그리고 뉴욕에 사는 한 부인으로부터 돈과 함께 편지가 왔다. "소년에게 자전거를 사주기 바란다"는 내용이었다. 소년의 희생적인 봉사는 많은 결실을 거두게 된 것이다.
　이 소년이 가지고 있었던 적은 것이 바쳐졌을 때, 그 아름다운 마음은 많은 사람들의 마음을 움직이기에 충분했다. 이 아름다운 마음들은 모두 하나님이 축복하시는 마음들이다. 사람들은 욕심을 부려야 자기에게 이익이 되는 줄 알지만, 선한 마음은 하나님이 축복해주신다. 자기의 욕심으로 살면 잘 살 것 같지만 하나님의 축복 가운데 살 때 정말 잘 살게 된다.

3. 묵상을 위한 질문

(1) 나의 계산으로 생활비를 위한 지출이 많아 헌금을 보류한 적은 없었는가? 아니면 주님이 공급해 주실 것을 믿고 헌금한 일이 있는가? 각각 어떠한 결실들을 맺었는가?

(2) 물고기 두 마리와 보리떡 다섯 개로 5천 명을 먹이는 기적이 오늘날 어디에서 일어나고 있다고 생각하는가?

4. 결단에의 초청

우리는 삶 속에서 매순간 결단을 하며 살고 있습니다. 끊임없이 계산하며 살 수밖에 없는 현실입니다. 이런 삶의 현장 속에서 우리는 예수 그리스도의 능력을 어떻게 체험할 수 있을까요? 예수님의 초월적인 능력을 우리의 계산으로 체험할 수 없습니다. 우리가 하나님의 계산법 속에서 살아야지, 하나님은 우리의 계산법 속에서 사는 분이 아니십니다.

예수님 자신이 하나님의 증표가 되셨듯이, 우리도 하나님을 나타내는 증표가 됩시다. 우리의 삶을 통하여 예수님을 보여드리는 증표가 됩시다. 우리는 그리스도의 편지입니다. 세상은 우리를 보고 예수님을 알 수 있고, 만날 수 있습니다. 세상은 우리를 통해서 하나님을 볼 수 있게 되는 것입니다. 당신은 오늘 그리스도의 향기를 온 세상에 풍기는 사람이라고 생각하십니까? 당신은 그리스도의 맛을 내는 사람입니까? 우리 모두 그리스도를 위한 증표가 됩시다.

제5과
예수님에 대한 반대
요한복음 8:31-9:41

1. 성경 이해

예수님과 아브라함 (8:31-59)

7장 1절부터 8장 30절에서, 예수께서 초막절을 지키려 예루살렘에 온 사람들에게 "나를 믿는 자는 성경에 이름과 같이 그 배에서 생수의 강이 흘러나오리라" (7:38) 라고 말씀하신 것을 들은 것과, 또 음행하다가 잡혀온 여인을 용서해 주신 것을 본 많은 사람들은 예수님을 믿게 되었다 (8:30).
"예수께서 자기를 믿은 유대인들에게 이르시되 너희가 내 말에 거하면 참으로 내 제자가 되고 진리를 알지니 진리가 너희를 자유롭게 하리라" (8:31-32) 라고 말씀하셨다. 예수님은 지금 두 가지를 말씀하고 계시는데, 하나는, 제자(참으로 믿는 자)가 된다는 것은 예수님의 말씀 안에 거하여 사는 것이고, 다른 하나는, 참으로 믿는 자는 자유하게 된다는 것이다.
이에 소위 믿는다고 하는 사람들이 물어 왔다. 우리는 아브라함의 자녀로서 종노릇 한 일이 없었는데, 왜 우리 보고 자유롭게 되라고 하느냐고 화를 내기 시작했다. 예수님은 그들에게 "죄를 범하는 자마다 죄의 종이라" (8:34) 라고 대답하셨다. 예수님에게 있어서 "종노릇 한다는 것"은 하나님에게서 멀리 떨어져나가는 영적인 상태를 말한다. 하늘의 질서를 따르기보다는 세상의 질서를 따르는 것은 바로 죄이며, 죄의 종이 되어버리는 것이다.

그러므로 유대인들이 자기들은 종이 아니라고 말하는 자세는 죄와 사탄의 능력을 인정하지 않고 있는 모습이다. 죄와 사탄의 힘을 인정하지 않으려는 자세는 하나님과 하나님의 능력을 부인하는 것이요, 하나님을 반대하고 있는 사탄의 어두움의 세력에 복종하는 것이다. 그래서 예수님은 죄로 말미암아 종노릇하고 있는 사실을 인정하지 않는 사람들에게 "너희는 너희 아비 마귀에게서 났으니 너희 아비의 욕심대로 너희도 행하고자 하느니라" (8:44) 라고 말씀하신 것이다.

믿는다고 하면서도 예수님으로부터 나오는 하나님의 말씀을 들으려 하지 않으면, 그런 사람은 참으로 믿는 사람이 아니다. 사람들은 예수께서 자기들이 이성적으로 용납할 수 없는 말을 하셨을 때, 돌을 들어서 그를 치려고 하였다. 예수께서 자기들이 듣고 싶어 하는 말을 하지 않으셨을 때, 그들은 예수님을 죽이려 하기 시작한 것이다. 나의 생각에 준하여 예수님을 이해하려고 하기보다는 예수님의 말씀에 준하여 나를 이해하여야 하는 것이다.

나면서부터 눈 먼 사람 (9:1-41)

예수님은 가시다가 날 때부터 눈먼 사람을 보셨다. 제자들은 "이 사람이 나면서부터 보지 못하게 된 것이 누구의 죄 때문이냐"고 예수께 물었다. 사실 아무도 이 사람을 낫게 해 달라고 부탁한 것도 아닌데, 예수님은 땅에 침을 뱉고, 진흙을 개어 그의 눈에 바르시고, 실로암 물에 가서 씻으라고 하셨다. 그렇게 함으로써 그 사람은 보게 되었다.

네 복음서는 예수께서 보지 못하는 사람들을 고쳐주시는 이야기들을 많이 기록하고 있다. 그 이유는 예수님은 육적인 병을 고쳐주시는 것보다 더 깊은 것, 즉 영적으로 보지 못하는 사람들의 병을 고쳐주시려는 데 더 큰 목적을 두셨기 때문이다. 요한복음 9장에서도 이와 같은 예수님의 의도를 잘 알 수 있다. 나면서부터 눈먼 사람을 예수님은 한 예로 삼아서 자신이 누구인지를 나타내고 계시는 것이다.

본문에서 나온 질문은 "누가 죄를 지었느냐"는 것이다. 자신의 죄 때문이냐, 아니면 그 부모의 죄 때문이냐는 것이다. 육체적인 병을 죄의 결과로 보는 견해는 지혜문학에서 왔다. 부와 건강은 의로움의 증거이고, 가난과 병은 죄 때문이라고 하는 견해이다.

그러나 예수님은 이와 같은 견해를 용납하지 않으신다. 이 사람이 나면서 보지 못하게 된 것은 죄의 문제가 아니라, 우리가 하나님의 일을 할 수 있겠느냐 하는 데에로 대화를 이끄셨다. 왜냐하면, 이 사람이 보지 못하는 것은 죄의 문제가 아니기 때문이다. 예수님은 눈먼 자를 보게 해주시는 이적을 통하여 자신이 세상의 빛이심을 나타내고 계시다. "내가 세상에 있는 동안에는 세상의 빛이로라" (9:5) 라고 하시며, 땅에 침을 뱉고, 진흙을 개어, 그의 눈에 바르고, 초막절에 생수를 떠오던 실로암 못에 가서 몸을 씻으라 하셨다.

눈먼 사람이 고침을 받은 것을 보고, 주위 사람들은 놀라서 지도자인 바리새인들에게 그를 데리고 갔다. 이 사람을 고쳐주는 일을 안식일에 했다는 구실로 바리새인들은 예수님이 하나님에게서 올 수가 없다고 주장했다. 바리새인들은 고침을 받은 이 사람으로 하여금 예수님이 죄인이라고 말하게 하려고 노력했던 것이다. 그러나 오히려 고침을 받은 그는 바리새인들 앞에서 예수님이 하나님으로부터 오신 분이심을 증거하고 있다. "이 사람이 하나님께로부터 오지 아니하였으면 아무 일도 할 수 없으리이다" (9:33). 고침을 받은 사람에게서 도움을 얻지 못한 바리새인들은 그를 죄인으로 몰아 버림으로 말미암아 그의 말을 아무런 가치 없는 말로 무시해 버렸다 (9:34).

바리새파 사람들이 그 사람을 내어 쫓았다는 소식을 예수님이 듣고, 그를 만나서 물으셨다. "네가 인자를 믿느냐?" 예수님께서 자신이 바로 그 "인자"이심을 말씀하자, 그는 예수를 "주"로 고백했고, 그를 예배했다. 이 믿음은 눈멀었던 사람이 이제 죄로부터 자유함을 얻게 되었음을 의미하는 것이다. 동시에 이 사건으로 말미암아 바리새인들이 영적으로 보지 못하는 사람들이라고 판단을 받게 된 것이다.

눈먼 자를 고쳐주심으로써 예수님은 당신이 아버지께로부터 온 "인자"임을 나타내시었지만, 그렇게 할수록 예수님을 반대하는 무리들이 점점 더 강해져 갔으며, 예수님을 죽이려 하기까지 했다. 예수님이 누구이신지를 알기를 거부하는 사람들은 결국 예수님을 죽이는 일을 하고 만다.

예수님은 자기를 반대하는 사람들 가운데서 당신이 누구이신지를 나타내신다. 다시 말해서, 반대하는 사람들이 아무리 애써도 예수님이 누구이신 것을 나타내지 못하도록 막을 길이 없는 것이다. 인간 세상 가운데서 활동하고 계시는 하나님의 손길을 받아들이려고 마음이 열려있는 사람들은 예수님이 누구이신지를 나타내도록 허락해 드리는 사람들이 되는 것이다.

2. 생활 속의 이야기

내가 현재 교회에 담임목사로 온 지 4-5년 되었을 때, 갑자기 간경화 진단을 받았다. 어떻게 해야 되나? 나에게는 목사가 교회를 위해서 존재하는 것이지, 교회가 목사를 위해서 존재해서는 안 된다는 소신이 있었다. 그래서 목사로서 충실히 목회하지 못하게 되었으니 교회를 떠나는 것이 옳은 일이라 생각이 들어 처와 함께 이야기를 나눈 적이 있었다.

이러한 분위기를 눈치 차린 한 여자 권사님이 하루는 목사 주택에 찾아와서 "목사님! 목사님께서는 저희들에게 '사랑하라'고 말씀하셨지요?" "네, 그랬지요." 그 권사님은 조용히, 그러나 무게 있게 "그런데 목사님은 왜 지금 교회를 떠나려고 하세요?" 라고 묻는 것이었다. "지금은 우리 교인들이 목사님을 사랑하여야 할 때입니다. 목사님은 왜 교인들로 하여금 그 믿음을 실천하지 못하게 하려고 하십니까?" 나는 그분의 깊은 신앙에 감동되고 말았다.

그 후 교인들은 나에게 6개월간 포코노 휴양지에 집을 마련해 놓고 쉬게 하였으며, 3개월간 하와이 "코나" 라는 곳에 가서 마음과 영혼의 쉼을 갖게 해주었다. 나는 아직까지 20년 동안 같은 교회를 섬기고 있다. 그때의 시간을 뒤돌아보니, 내가 교회를 비어두고 있는 동안 우리 교회는 더 부흥했다. 교인들이 나를 생각하면서 목사님이 안계시니 교회에 빠지지 말아야겠다고 결심을 한 것이다. 그리고 더욱더 하나님의 일에 충실했던 것이다. 나는 그 권사님을 생각할 때마다 나의 가슴에는 감격과 감사로 가득 찬다. 그분은 나를 살려주셨다. 그리고 교회를 교회로 만들어 주셨다. 이 모든 것이 하나님의 은혜가 아니고 무엇이겠는가?

3. 묵상을 위한 질문

　(1) 지금 내가 속하여 있는 교회에서 나는 어떻게 믿음생활을 하고 있는가? 하나님의 말씀에 순종하고 있는가? 아니면 혹시 내 생각에 따라 교회생활을 하고 있는가?
　(2) 나의 생활 속에서 하나님이 역사하시는 손길을 경험해 본 적이 있는가? 그것이 무엇인지 함께 나누어 보자.
　(3) 나는 어떤 면에서 영적으로 눈이 멀어 있는가?

4. 결단에의 초청

　하나님은 유대인들을 택하셔서 하나님이 누구이신지를 나타내셨습니다. 그러나 택함 받은 사람들로서 하나님의 뜻에서 벗어난 삶을 살았던 모습이 오늘의 말씀 속에 나타나 있습니다. 우리는 어떠합니까? 교회에 다니면서 하나님의 뜻에 순종하기보다는 나의 고집을 내세우고 있지는 않은지요? 겉으로는 교회에 다니지만 속으로는 믿는 이가 못되어 있지는 않은지요? 교회에서 중책을 맡고 있다면, 나의 말 한 마디가, 나의 행동 하나가 교회에 미치는 영향이 얼마나 큰 것인지를 알고 하나님 앞에 내 자신을 겸손하게 내어 놓는 신앙생활을 합시다. 우리가 할 일은 하나님 앞에 겸손히 무릎 꿇고 기도하는 일입니다. 오늘부터 진실로 하나님 앞에 무릎을 꿇어 보시지 않으시렵니까? 나로 하여금 기도하지 못하게 하는 방애물들이 무엇인지 깨달아 그것들을 제거하는 작업을 한번 시도해 보지 않으시렵니까?

제6과

예수님은 누구이신가?
요한복음 10-11장

1. 성경 이해

예수님은 당신의 정체성을 나타내시기 위하여 은유를 많이 사용하셨다. 8장에서는 "세상의 빛"으로, 10장에서는 "선한 목자"로, 11장에서는 "부활"이요, "생명"으로 나타내셨다. 이 은유들은 예수님의 말씀과 사역(mission)을 이해하는데 대단히 중요하다. 이 은유들은 또한 구약의 배경을 이해하는데 도움을 주고 있다. 그리고 예수님과 유대인들 사이에서 일어났던 다툼의 원인들도 또한 잘 설명해 주고 있다.

참 목자이신 예수님 (10:1-6)

목자의 비유에 나오는 두 인물(참 목자와 도둑)은 이스라엘을 인도하고 있는 두 지도자 그룹을 말한다. 이 비유는 에스겔 34장에 배경을 두고 있다. 에스겔 34장에서 거짓 목자들이 양 떼(이스라엘 백성)를 돌보지 않았기 때문에, 양 떼가 흩어져서 온갖 들짐승의 먹이가 되게 했다고 지적하고 있다 (에스겔 34:5).

에스겔서와 같이 요한복음에서도 예수님은 자기 자신의 배만을 채우기 위해서 정문으로 들어가지 아니하고 다른 데로 넘어 들어가는 도둑과 강도들과 같은 목자들과 이스라엘 백성들을 잘 돌보는 좋은 목자, 즉 양 문지기도 알고, 양들의 이름도 아는 좋은 목자이신 예수님이 언급되고 있다.

좋은 목자는 양들의 이름을 하나하나 부르면서 이끌고 간다. 그리고 양들은 목자를 따라간다. 양들은 목자의 소리를 알고 있기 때문이다. 이렇게 목자와 양들과의 관계가 개인적으로 아는 관계로 맺어져야 한다. 양들은 낯선 사람의 목소리를 따라가지 않는다고 예수님은 말씀하신다. 예수님은 이 비유에서 거짓 지도자들을 조심하라고 경고하고 계신 것이다. 그러나 사람들은 예수님의 뜻을 깨닫지 못하고 있었다.

양의 문이요, 선한 목자이신 예수님 (10:7-21)

예수님은 자신의 정체성을 양의 문과 (10:7-10), 선한 목자로 (11-18절) 말씀하신다. 예수님이 말씀하시는 양의 문은 양들이 드나들 수 있는 유일한 길을 의미하며, 동시에 양들을 보호하고, 생명을 얻게 하려고 오셨음을 말씀하시는 것이다. "내가 온 것은 양으로 생명을 얻게 하고 더 풍성히 얻게 하려는 것이라" (10:10).

예수님은 또한 자신을 "선한 목자"라 하셨다 (10:11-21). 선한 목자의 비유는 앞에 나왔던 "양의 문" 비유의 결론으로 사용되고 있다. "선한 목자" 비유는 다음 네 가지 내용을 담고 있다. (1) 모든 인간들을 위하여 자신의 생명을 포기하실 미래의 역할. 예수님은 그의 백성에게 생명을 얻게 하기 위해서 자신의 생명을 포기하는 그의 죽음을 예시하신다. "내가 스스로 버리노라" (10:18). 이곳에서 예수님은 당신의 죽음뿐만 아니라 자신의 부활까지 예시하고 계신다.

"내가 목숨을 버리는 것은 그것을 내가 다시 얻기 위함이니" (10:17 상반절).

(2) 자기들의 이권만 찾고 백성을 돌보지 않는 현 지도자들의 모습. 이 비유에서 "선한 목자"와 "삯꾼 목자"가 언급되고 있는데, 이 삯꾼 목자는 돈을 위해서 일하는 현재의 유대인들의 지도자들을 가리키고 있다. 에스겔이 그 시대의 거짓 지도자들에 대항하여 예언하였듯이, 예수께서도 당시의 삯꾼 지도자들을 공격하고 계신 것이다.

(3) 하나님과 예수님 자신이 친밀하게 서로를 알듯이, 예수님도 자기에게 속한 사람들을 잘 안다는 사실. 이 비유에서 선한 목자의 역할을 말씀하고 계신다. "나는 선한 목자라 나는 내 양을 알고 양도 나를" 안다 (10:14). "안다"는 말은 목자와 양이 서로 속해 있다는 뜻이다. 예수님은 양들 안에 있고, 양들과 함께 있으며, 양들을 위해 계신다.

(4) 이스라엘 밖에 있는 이방인들도 구원받은 양 떼 안에 들어오게 될 것이라는 예언. 이 비유에서 예수님은 유대인들이 듣기에 대단히 거북한 말씀을 하신다. 이방인들도 하나님의 백성에 포함된다는 말이다. 사실 이 개념이 새로운 것은 아니었다. 구약의 여러 곳에서 세상 모든 사람들이 하나님을 예배하는데 하나가 될 것이라고 예언하고 있다 (예레미야 3:15-17; 에스겔 34:23; 미가 5:3-5).

그러나 예수님의 말씀은 구약에 나타난 개념을 넘어서고 있다. 구약에서는 이스라엘이 모든 민족을 이기고 승리하는 선민사상 위에 세워진 세상 만민의 통합을 말하지만, 예수님은 유대인이나 이방인이나 똑같이 동격자의 위치에서 예수님을 "아는 관계"로 맺을 수 있다는 것이다. 이러한 예수님의 말씀은 유대인들로 하여금 반감을 사게 했다.

예수님과 나사로 (11:1-44)

죽은 후 나흘이나 되는 나사로를 살리신 이적은 인간의 삶과 죽음을 다스리시는 예수님의 능력을 보여주는 것이다. 나사로의 병은 죽음으로 이끄는 길이 아니었고, 하나님의 영광을 나타내며, 그 일을 통해서 아들도 영광되게 하기 위한 길이었다. 나사로를 살리신 극적인 사건은 생명을 주시며, 창조하시는 하나님의 능력을 나타내시는 예수님을 보여주고 있으며, 또한 예수님 자신의 부활을 예시해주고 있다. "나는 부활이요 생명이니 나를 믿는 자는 죽어도 살겠고 살아서 나를 믿는 사람은 영원히 죽지 아니할 것이다" (11:25) 라고 말씀하심으로써 삶과 죽음이 예수님의 권한 아래 있음을 나타내셨다. 그러므로 나사로가 다시 살아난 것은 나사로 한 개인의 부활에 국한되어 있지 않고, 믿는 자들이 영원히 죽지 않는 그보다 더 큰 것을 선포하고 있는 것이다.

요한복음 11장은 죽음을 다스리시는 예수님의 능력을 나타내어 자신의 영광뿐만 아니라 예수님 안에서 역사하시는 하나님의 영광을 나타내고 있는 것이다. 나사로를 살리신 이적은 하나님을 위해서 일하고 있는 예수님을 나타내려는데 그 목적이 있는 것이다. 그의 영광을 나타내 보이시는 것은 예수님이 하나님으로부터 왔다는 사실을 사람들로 하여금 믿게 하려는 것이다. 예수님은 마르다에게 물으셨다. "네가 이것을 믿느냐" (11:25). 이 말은 예수님이 부활이요, 생명이심을 믿느냐는 질문이다. 마르다는 "예, 주님! 주님은 세상에 오실 그리스도이시며, 하나님의 아들이심을, 내가 믿습니다" (11:27) 라고 고백하였다.

2. 생활 속의 이야기

이민 온 지 몇 년 안 되는 한 분이 있다. 아직 영주권이 없어서 외국 땅에서 어렵게 생활하시는 분이다. 이 성도님의 가정이 셋방살이로 들어간 지 얼마 안 되어, 그 집에 사는 다른 가정들이 교회에 나오기 시작했다. 어려운 가운데서도 하나님 안에서 승리하는 삶을 사는 그 가정을 보고, 그 집에 사는 다른 세 가정이 모두 교회생활을 하기 시작한 것이다. 형식적으로 재미없이 가끔 교회에 출석하던 사람이 생기 있게 믿음생활을 하기 시작했고, 교회를 찾지 못하여 방황하던 가정이 교회를 찾게 되었고, 이혼하여 쓸쓸하게 살고 있는 사람이 주님을 알게 되었다. 이 모든 구원의 사건이 바로 이 한 성도의 가정으로 말미암아 이루어졌다.

이 성도의 가정에는 항상 웃음이 만발하여 그들의 얼굴에서는 미소가 사라지는 날이 없다. 교회에서 이들처럼 봉사에 적극적인 사람들을 찾기가 힘들다. 우리 교회에는 방과 후 학교가 있어서 어린이들을 돌보는 사역을 한다. 이 가정의 부인은 아이들에게 매일 밥을 지어 먹이는 일을 하루도 빠짐 없이 한다. 그리고 남편 되는 분은 주일에 교인을 모시고 다니는 수송부의 일을 한다. 남들이 가장 힘들어 하는 일들을 도맡아서 하고 있다. 이 가정은 이웃에게 이렇게 생명을 전해 주고 있다. 하나님은 이런 사람들을 통하여 일을 하고 계신 것이다. 하나님은 말만 하는 사람들보다는 모범 된 삶을 보여 주는 사람들을 통하여 일을 하신다. 이 가정을 통하여 우리는 하나님의 손길을 보게 된다. 이들의 자녀들은 하나 같이 훌륭하게 믿음생활을 하고 있다. 하나님과 이웃을 그렇게 사랑하는 부모님의 모습을 자녀들이 보고 있었던 것이다.

3. 묵상을 위한 질문

　(1) 내 주위에서 본받고 싶은 사람이 있는가? 누구인가? 그들의 어떤 모습이 닮고 싶은가?
　(2) 나는 나를 지도자로 생각하고 있는가? 아니면, 지도자가 아니라고 생각하고 있는가? 왜 그렇게 생각하는가?

4. 결단에의 초청

　기독교인은 누구나 지도자입니다. 이웃들과 좋은 관계를 맺어 이 땅에 하나님의 나라를 이룩하여야 하는 지도자들입니다. 특별히 우리 자녀들이 좋은 지도자들로 양육되어져야 합니다. 사회를 하나님의 나라로 변화시키는 지도자들을 키워야 합니다. 자신의 성공과 안정만을 목표로 하고 사는 것이 아니라, 하나님의 뜻을 이 땅 위에 세우는 것을 목적으로 하는 지도자들로 우리 자녀들을 키워야 합니다.
　세상에는 생명을 살리는 사람이 요구됩니다. 나 하나 성공하고 편안하게 사는 사람이 아니라, 사람을 살리는 사람이 필요합니다. 사람을 살리려면 그 영혼을 사랑해야 합니다. 한 사람 한 사람을 사랑하면, 그 사람이 삽니다.
　예수님이 양 하나 하나의 이름을 알듯이 우리도 한 사람 한 사람을 사랑합시다. 그곳에 생명의 역사가 넘칠 것입니다. 예수님이 선한 목자이셨듯이, 우리도 선한 지도자들이 됩시다. 내가 없으면, 사람들이 아쉬워하는 사람, 꼭 있어야만 하는 사람이 되려고 노력합시다.

제7과
예수님의 마지막 예루살렘 입성
요한복음 12-13장

1. 성경 이해

예루살렘 입성 (12:12-19)

　공관복음서와 같이 요한복음에서도 예수님께서 예루살렘에 입성하시는 것을 군중들이 크게 축하하는 것으로 서술하고 있다. 그러나 요한복음은 특별히 왕으로서 입성하시는 메시아의 모습을 그리고 있다. "이스라엘 왕"으로서 (시편 118:26; 요한복음 12:13), 또 나귀 새끼를 타고 오시는 메시아로서 (스가랴 9:9), 종려가지를 흔드는 군중들의 모습을 통해서 이스라엘을 구원할 메시아로 그리고 있다.
　군중들 가운데는 베다니에서 온 사람, 예루살렘에서 온 사람, 나사로가 살아난 것을 목격한 사람들이 있었다. 이들은 다 증인들이었다. 요한복음은 "증언한다"는 말을 대단히 귀하게 나타내고 있다. 세례 요한이 예수님에 대하여 증언하였고, 나사로가 살아난 것을 본 사람들이 예수님을 증언하고 있다. 증언의 위력은 강한 것이다. 예수님을 잡아 죽이려하던 바리새파 사람들이 힘을 쓰지 못할 정도로 증언의 위력은 강한 것이었다. 그들은 말하였다. "이제 다 틀렸소. 보시오. 온 세상이 그를 따라갔소" (12:19, 성경전서 새번역).

인자는 들려야 한다 (12:20-36)

명절에 예배하러 올라온 사람들에게 밀알 하나가 땅에 떨어져 죽는 것 같이 예수님 자신도 이 세상을 위해 죽임을 당해야 할 것이라고 말씀하신다. 예수님은 그의 죽음을 두 개의 이미지를 들어 말씀하신다. 하나는 땅에 떨어진 씨앗으로 표현하시고 (12:24), 또 다른 하나는 "들리움"(12:32)으로 하신다. 씨앗이 죽어야 많은 열매를 맺듯이, 또한 높이 들리어야 많은 사람을 그에게 이끌어 올리시는 것이다. 예수님의 죽음은 믿는 사람들을 구원하려는 것이라고 말씀하신다. 그의 죽음은 많은 열매를 맺는 죽음인 것이다.

이 세상에서 사람들도 예수님 같이 자기 목숨을 미워하면, 오히려 영생에 이르도록 그 목숨을 보존하게 될 것이다 (12:25). 예수님은 자신의 죽음의 때를 영광의 시간으로 생각하셨다. "내 때"가 왔다고 선포하신 (12:23, 27) "그 때"는 예수님의 죽음을 가리키는 때요 (13:1; 17:1), 또한 자신이 들리움을 받는 영광의 때이다.

그렇다고 예수님의 마음에 고민이 없으셨던 것은 아니다. 예수님은 고백하신다. "지금 내 마음이 괴로우니 무슨 말을 하리요 아버지여 나를 구원하여 이 때를 면하게 하여 주옵소서 그러나 내가 이를 위하여 이 때에 왔나이다 아버지여, 아버지의 이름을 영광스럽게 하옵소서" (12:27-28). 자신의 죽음을 통해서 하나님의 이름에 영광 돌리게 해달라는 예수님의 기도는, 맡겨주신 일에 대한 개인의 헌신과 충성을 나타내고 있다. 예수님은 언제나 하나님께 모든 영광을 돌렸다. 모든 영광을 받으실 대상도 하나님이시오, 영광의 근원도 하나님이시라는 것이다 (8:54; 13:31).

신앙과 불신앙의 선택 (12:37-50)

사람들 가운데는 믿는 사람도 있었고, 믿지 않는 사람들도 많았다. 사람들이 "이적을 보고서도 왜 믿지 않는가?" 라는 질문에 요한복음은 이사야의 말씀을 들어 설명한다 (이사야 53:1; 6:10). 그들의 고집스러운 믿음의 결핍증은 하나님의 계획이자 심판임에 틀림없다고 설명하고 있다.

그러나 우리는 내가 믿음이 없는 것을 하나님 탓으로 돌릴 수 없다. 예수님은 분명히 말씀하신다. "내가 온 것은 세상을 심판하려 함이 아니요 세상을 구원하려 함이로라" (12:47). 하나님은 세상을 구원하기 원하신다. 우리는 내가 받게 되는 심판을 하나님 탓으로 돌릴 수가 없는 것이다.

하나님의 주관 안에서 역사가 흐르는 것은 분명하지만, 그 역사 속에서 어떤 길을 선택하느냐는 각 개인에게 달려있는 것이다. 살아 계신 하나님의 말씀을 듣기를 거부하는 사람들이 그 거부하는 것에 대한 대가로 심판을 받게 되어 있는 것이 하나님의 뜻이다. 예수님과 그의 말씀을 믿지 않는 것은 하나님을 믿지 않는 것이다. 예수님을 따르는 사람은 사실 하나님의 명령을 따르는 것이다. 동시에 믿기를 거부하는 사람은 하나님의 명령을 거부하는 것이기에 그 사람에게는 심판이 따라오는 것이다. "나를 저버리고 내 말을 받지 아니하는 자를 심판할 이가 있으니" (12:48 상반절). 심판하시는 분은 하나님의 말씀, 그 명령 자체인 것이다. 그 말씀에 순종하면 그는 영생할 것이고, 그 말씀에 순종하지 아니하면 그는 심판을 받게 되는 것이다. 그러므로 선택이 중요한 것이다. 사람이 어떤 길을 선택할 것이냐 하는 것이 중요한 관점으로 요한복음에 흐르고 있는 것이다.

제자들의 발을 씻기심 (13:1-20)

요한복음에 있는 마지막 만찬은 공관복음에 기록되어 있는 것과 많은 차이가 있다. 요한복음에는 성만찬의 말씀은 없고, 제자들의 발을 씻어주는 사건을 기록하고 있다. 제자들과 마지막 식사를 할 때 제자들을 향하여 하신 예수님의 행동이 중요하게 그려지고 있다. 발을 씻겨주시는 행동 안에서, 우리는 두 가지 의미를 발견하게 된다. 하나는 종으로서의 섬김의 역할이오, 다른 하나는 구속의 증표이다.

제자들의 발을 씻기신 후에 예수님께서 말씀하셨다. "내가 주와 또는 선생이 되어 너희 발을 씻었으니 너희도 서로 발을 씻어 주는 것이 옳으니라" (13:14). 예수님 같이 서로 종으로서 섬기라는 겸손을 가르치고 계시다. 종으로서 섬기는 것 (servanthood)은 예수님의 가르침의 핵심이다.

또한 우리는 예수님과 베드로 사이에서 일어나고 있는 대화 속에서 상징적인 의미를 찾아 볼 수 있다 (13:6-11). "내가 너를 씻어주지 아니하면 네가 나와 상관이 없느니라" (13:8). 이 말씀은 겸손의 본을 보이라는 의미보다는 예수님의 구속의 행위를 말하고 있는 말씀이다. 발을 "씻어주신다"는 말은 세례로 죄의 "씻김을 받는다"는 말과 같은 의미의 단어이다. 예수께서 제자들의 발을 씻어주시는 행동은 인간을 구속하시는 뜻을 상징하고 있는 것이다. 예수님이 발을 씻어주시는 것은 예수님의 구속하시는 죽음을 말하고 있는 것이다.

2. 생활 속의 이야기

　나는 목사가 된 것이 너무나 행복하다. 하나님께서 나를 목사로 불러 주신 것이 너무나 감사하다. 목사가 되는 길이 십자가의 길임을 잘 알면서도 나는 그 길을 선택했다. 나는 다시 태어난다 하더라도 이 길을 선택할 것이다. 너무나 이 길은 귀하다. 이 세상이 줄 수 없는 길이요, 주님만이 주실 수 있는 평화의 길이다.

　그러나 이 길은 육체적으로 힘든 길이다. 심적으로 고민과 고통이 많은 길이다. 나는 목회를 열심히 하다가 간경화까지 생겼었다. 그때 나는 얼마나 하나님께 대들었는지 모른다. "하나님, 나, 지금 40 중반입니다. 나, 지금 죽고 싶지 않습니다." 그리고 하나님께 흥정도 해보았다. "하나님, 하나님이 지금 나 데려가시면 하나님도 손해예요. 내가 지금까지 준비해 놓은 것도 많고, 성격도 괜찮고, 재능도 많지 않습니까?" 그때 주님은 조용히 내 마음에 이렇게 말씀해주셨다. "구용아, 나는 네가 네 잘난 맛에 목회를 하다가 나에게 오기를 원치 않는다. 나는 네가 나를 만난 사람이 되어 살다가 오기를 바란다." 나는 이러한 하나님의 음성을 듣고 하나님이 나를 이렇게 사랑해 주시는 것을 깨닫게 되었다.

　이전에도 하나님이 나를 사랑하시는 것을 알고는 있었다. 그러나 그 날 아침, 내가 제단에 무릎 꿇고 기도할 때, 하나님은 나 하나를 그렇게 생각하시는 하나님이심을 깨닫게 된 것이다. 나는 하나님의 사랑을 깨닫게 되는 순간부터 울기 시작했다. 하나님이 나를 그렇게 사랑해주시는 것을 깨닫게 된 것이다. 목회자의 길이 세상이 볼 때는 십자가의 길 같이 보이지만, 나에게는 영광의 길이다.

3. 묵상을 위한 질문

(1) 교회 일을 할 때에 당연한 선을 넘어서 희생적인 봉사로 해보았던 일은 어떤 것들이었나?

(2) 사는 동안에 우리는 신앙과 불신앙의 갈림길에서 어떤 길을 선택하여야 할 때가 많이 있다. 최근에 이런 경우에 나는 어떤 길을 선택했었는가?

4. 결단에의 초청

신앙의 여정 길에는 양자 중에 하나를 선택해야 할 일들이 많이 생깁니다. 신앙으로 해결할 것인가? 세상적인 방법으로 해결할 것인가? 하나님의 음성에 귀를 기울일 것인가? 사탄의 꼬임에 넘어갈 것인가? 섬김을 받을 것인가? 섬길 것인가? 주님께서 제자들의 발을 씻겨주셨듯이 성도들이 겸손히 다른 사람을 섬길 때, 새 생명이 살아나는 기쁨을 맛보게 됩니다. 이런 삶을 살기 위해서 당신은 오늘 어떤 결정을 해보시겠습니까?

예수님은 우리를 구원해 주시기 위해 십자가를 선택하셨습니다. 지금은 우리가 결정을 내려야 할 때입니다. 십자가의 삶은 절대로 편안한 삶이 아닙니다. 그러나 십자가의 길은 영생의 길이기에 평안의 길입니다. 세상이 줄 수 없는 평안의 길입니다. 예수님은 약속하셨습니다. "평안을 너희에게 끼치노니 곧 나의 평안을 너희에게 주노라 내가 저희에게 주는 것은 세상이 주는 것과 같지 아니하니라" (14:27).

제8과
고별의 말씀
요한복음 14-17장

1. 성경 이해

14장에서부터 17장에 있는 고별의 말씀에서 예수님은 자신의 신성에 대해서, 자신과 하나님과의 관계에 대해서, 그리고 자신과 제자들과의 관계에 대해서 밝히 말씀하시었다.

보혜사이신 성령의 약속

예수님의 떠나심은 장소적인 의미만이 아니라, 시간적인 의미도 있다. 예수님이 떠나셔야 보혜사 성령이 오신다. 보혜사는 곧 아버지께서 예수님의 이름으로 세상에 보내실 성령님이시다 (14:26). 예수님이 안 계실 때 보혜사이신 성령이 오셔서 믿는 사람들을 도와주시고, 제자들을 가르치실 것이다 (14:26; 16:13), 보혜사는 예수님의 말씀을 기억나게 해 주실 것이다 (14:26). 보혜사는 진리의 영이시며 (15:26), 예수님을 증거하실 것이다 (15:26-27). 성령님은 믿는 사람들 가운데 늘 계실 것이다 (14:17). 보혜사는 믿는 자들을 위하여 역사하시는 예수님의 영적인 임재를 말하고 있는 것이다 (14:16).

내 안에 거하며 서로 사랑하라

예수님을 따르는 사람들에게 중요한 것은 "예수님 안에 거하는 일"이다. 희랍어로 "거한다" 함은 "믿는다" 혹은 "사랑한다"는 뜻이다. 예수님 안에 "거한다" 함은 그와 계속적인 관계를 맺는다는 말이다. "너희가 내 말에 거하면 참으로 내 제가가 되고" (8:31). 우리는 예수님 안에 거해야 그의 제자가 될 수 있다. "가지가 포도나무에 붙어 있지 아니하면 스스로 열매를 맺을 수 없는 것과 같이 너희도 내 안에 있지 아니하면 그러하리라" (15:4). 예수님의 제자가 된다는 것은 어두운 세상 속에서 빛을 비추며 살라는 말이다.

사랑하는 사람들은 예수님의 사랑 안에 거하는 사람들이다. 사랑 안에 거한다 함은 감정의 요소가 아니라, 사랑으로 인하여 나타나는 행동을 말하여주는 표현이다. 예수님을 사랑한다 함은 그의 계명을 지키는 행동인 것이다 (14:23). 그리고 예수님의 계명은 서로 사랑하는 것이다 (15:12). 다시 말해서, 우리가 다른 사람을 사랑하지 않으면 예수님을 사랑할 수 없다는 것이다.

예수님의 사역은 인간을 향한 하나님의 사랑을 나타내는 것이며, 또한 사람들로 하여금 그와 같이 살라 하시는 것이다. "내 계명은 곧 내가 너희를 사랑한 것 같이 너희도 서로 사랑하라 하는 이것이니라 사람이 친구를 위하여 자기 목숨을 버리면 이보다 더 큰 사랑이 없나니" (15:12-13). 우리를 향한 예수님의 사랑은 우리를 친구라 부르시며, 친구를 위하여 자신의 생명을 희생하는 사랑이셨다.

예수님에 대한 믿음의 중요성

요한복음서 전반에 걸쳐서 나오는 중요한 말씀 중의 하나는 "믿음"이다. 서문에서도 세례 요한의 선교의 목적은 사람들로 하여금 예수님을 "믿게 하려는 것"이었다. 또한 예수님이 행하신 많은 기적들은 예수님이 하나님으로부터 오신 분이라는 것을 사람들로 하여금 "믿게 하려는 것"이었다. 이 믿음이라고 하는 것은 하나님께서 우리를 용납할 수 있도록 하는 우리의 응답이다 (14:1, 9, 10).

믿는 사람들에게는 하나님과의 관계가 수립된 것이며, 동시에 미래가 확정되어 있는 것이다. 반대로 믿지 않는 사람은 이 약속에서 제외되는 것이다. "그 중의 [믿는 사람들] 하나도 멸망하지 않고 다만 멸망의 자식뿐이오니 이는 성경을 응하게 함이니이다" (17:12). 멸망을 당하는 자들은 그들의 믿지 않음 때문임을 말하고 있는 것이다.

자신을 나타내시는 예수님

예수님은 하나님 안에, 하나님은 예수님 안에 계심을 말씀하셨다 (14:11). 예수님은 아버지에게서 나와 이 세상에 오셨고, 이 세상에 속한 자가 아니라는 것을 말씀하셨다 (16:28). 요한복음 서문의 내용이 다시 강조되고 있는 것이다. 이 고별의 말씀은 우리를 서론으로 인도하여 예수님이 진실로 육신이 되신 "하나님의 말씀"이심을 나타내고 있는 것이다. 죽으심으로 생명을 주시는 자로서의 죽음을 예수님은 고별 설교를 통하여 말씀하고 계신 것이다.

2. 생활 속의 이야기

나는 과로하면서까지 교회를 열심히 섬겼다. 교회를 부흥시켜야 된다는 일념으로 새벽부터 밤늦게까지 뛰었다. 새벽예배인도는 물론 12개가 넘는 속회를 혼자 인도하며 운영해 나갔다. 밤 12시에 집에 돌아오는 것이 보통이었으니 말이다. 내 힘껏, 내 재능껏 하는 것이 목회인 줄로 알고 뛰었다. 그런데 어느 날부터 너무 피곤함을 느끼게 되었다. 얼마나 피곤했든지 목회를 그만두고 싶을 정도이었으니 말이다. 나에게서 목회를 그만 둔다는 것은 내 생명을 빼앗아 가는 것과 다름이 없는 것인데 말이다.

그 결과로 몸에 신병이 생겨 6개월을 휴양하게 되었다. 포코노라는 한적한 곳에 집이 마련되었고, 전화도 텔레비전도 없는 외딴 곳이었다. 나에게는 걱정이 생기지 않을 수 없었다. 담임목사가 없으면 교회가 어떻게 될까? 교인들이 떠나고, 교회가 흔들리지 않을까? 나는 휴양을 떠나는 것을 주저하지 않을 수가 없었다. 그러나 주님은 나에게 "목회는 네가 하는 것이 아니고 내가 하는 것"이라는 확실한 음성을 주셨다. 성도님들의 사랑과 기도 속에서 나는 휴양을 떠났다. 3개월 휴양을 하고 나는 다시 교회로 돌아왔다. 교회 걱정보다는 그곳이 너무 외로워서 더 견딜 수가 없어서 나는 돌아왔다. 원래 나는 사람 속에서 어울리고 살아야 힘이 나는 성격을 가진 사람이다. 내가 돌아왔을 때 교회는 오히려 더 부흥되고 있었다. 성도님들은 담임목사가 없을 때, 교회를 더 잘 지켜야 한다고 똘똘 뭉쳐서 성도님들이 움직이기 시작한 것이다. 장로님들이 매일 새벽기도를 인도하였으며, 부목사님의 심방을 도와서 한 장로님은 심혈을 기울였으며, 모든 성도님들은 모임마다 서로 전화하며 열심히 함께 했던 것이다. 전에는 담임목사인 내가 화장실 청소, 교회 문 여는 일, 제일 마지막에 교회를 나오며 문 닫는 일들을 성도님들이 이젠 하기 시작했던 것이다. 우리가 그때는 자체 건물이 없어서 미국 교회를 사용하고 있었기에, 우리가 조심하여야 할 것들이 얼마나 많았는지 모른다. 만일 어떤 주일이 지난 후에 교회가 제대로 정돈되어 있지 않았거나, 기구가 부서져 있으면 그 다음날 영락없이 미국 교회로부터 불평과 훈계의 편지가 날아와 내 책상 위에 놓여 있다. 늘 직접 당하는 사람은 목사인 나이기 때문에 교회에 제일 먼저 오는 사람도, 교회를 제일 나중에 나가는 사람도, 특별히 화장실이 제대로 청소 되어 있는지 검사하는 사람도 자연히 내가 될 수밖에 없었던 것이다. 그런데 이런 모든 것들을 이제는 성도님들이 다 나누어서 하고 있었던 것이다. 할렐루야! 사실 내가 없었으므로 교회는 더욱 진정한 교회로 변해 가고 있었던 것이다.

3. 묵상을 위한 질문

(1) 목사님이 부재중이실 때 성도로서 나는 어떠한 태도나 행동을 취했었고, 또 취하고 있는가?
(2) 혹시 교회 일을 할 때에 내가 없으면 안 되는 것같이 착각하고 내가 교회의 주인 같이 행동하지는 않았었는가? 교회의 주인은 누구이신가?
(3) 내가 숨어서 하나님을 섬기고 있는 것이 있으면 이 시간 조용하게 하나님께 감사하는 시간을 갖자.

4. 결단에의 초대

우리는 언제든지 내가 그 자리에 있어야만 (presence) 사역이라고 생각하고 떠날 줄 모르는 경우가 많이 있습니다. 그러나 하나님이 우리의 삶을 이끌어 주신다는 것을 우리가 진정으로 믿는다면, 우리는 하나님께 맡겨드릴 줄 알아야 합니다.

자녀 교육도 마찬가지입니다. 자녀들이 나의 품을 떠나 대학에 가야 하는데 어떻게 합니까? 하나님께 맡겨드려야 합니다. 그러므로 사역은 내가 하는 것이 아니라, 나를 사용하셔서 하나님이 하시고 계심을 알아야 합니다. 내가 그 자리에 없는 순간에도 주님은 주님의 방법으로 하나님의 일을 해나가시고 계신 것입니다. 어떤 이는 이것을 "부재의 사역"(the ministry of absence)이라고 했습니다. 부재의 이유가 합당하고 하나님의 뜻에 맞는다면, 하나님은 당신의 부재도 사용하셔서 큰일을 이루시는 것입니다. 그러므로 교회에서 주님의 일을 할 때에, "나 없으면 안 되지" 하면서 교만하지 말고 겸손하게 주님의 이름을 높여 드릴 수 있어야 합니다.

예수님은 말씀하셨습니다. "내가 떠나는 것이 오히려 너희에게 유익이다. 왜냐하면 하나님이 너희에게 성령을 보내 주실 것이기 때문이다."

우리도 주님의 겸손을 배웁시다.

제9과
예수님의 잡히심과 십자가
요한복음 18-19장

1. 성경 이해

배반당하고 잡히시다 (18:1-14)

요한복음에는 겟세마네 동산에서 괴로워하며 기도하시는 예수님의 모습이 나타나 있지 않다. 예수님은 그가 당할 죽음에 대해서 두려워하지 않는 분이시기 때문이다. 예수님은 자신을 잡으려고 온 사람들에게 자신이 예수인 것을 당당하게 나타내신다. 그리고 예수님은 체포당할 때도 저항하지 않으신다. 예수님은 순순히 로마 군대 병정들에게 잡혀 묶여서 안나스에게로 끌려가셨다. 이것은 하나님이 주신 쓴 잔을 마시려는 예수님의 태도를 말해주고 있는 것이다.

빌라도의 심판 (18:28-19:16)

예수님에 대한 심문이 빌라도의 관저에서 이루어졌다. 이방인이 사는 집에 들어가는 것이 종교적으로 자기들의 몸을 더럽히는 일이므로 유대인들은 관저 밖에 모여 있었다. 그래서 빌라도는 예수님과 유대인들의 중간에서 왔다 갔다 하면서 중계자가 되어 심판을 하게 된 것이다.

빌라도는 세 번씩이나 예수님을 놓아 주려고 하였지만, 유대인들은 자칭 유대인의 왕이라는 죄목으로 예수님을 죽이려 했다. 그들은 빌라도에게 "우리에게 법이 있으니 그 법대로 하면 그가 당연히 죽을 것은 그가 자기를 하나님의 아들이라 함이니이다" (19:7) 라고 고발했다.

예수님에게서 아무 죄를 찾을 수 없었던 빌라도는 그를 놓아주려고 했다. "내가 너희 왕을 십자가에 못 박으랴" (19:15). 그러나 유대인들은 "가이사 외에는 우리에게 왕이 없나이다" 라고 외쳤다. 이와 같은 유대인들의 외침은 그들이 믿는 신앙에서도 어긋나는 것이었다. 예수님을 죽이려는 목적으로 자기들의 신앙까지 버리는 변질된 그들의 모습을 보게 된다. 이곳에서 "유대인"이라는 말은 팔레스타인에 사는 모든 유대사람을 가리키는 것이 아니고, 예수님을 죽이려고 모함하는 유대교 지도자들인 제사장들과 바리새인, 그리고 그들을 추종하는 자들을 가리키고 있는 말이다.

십자가의 죽음 (19:17-37)

요한복음 저자는 예수께서 당하신 십자가의 죽음을 구약에서 예언된 예언의 성취로 연결을 짓고 있다. 어린 나귀를 타고 오시는 예수님 (스가랴 9:9), 유대인들에게 배척당하시는 예수님 (이사야 53:1; 6:10), 예수님의 속옷을 놓고 제비 뽑는 일 (시편 22:18), 예수님이 "목마르다"고 하신 말씀 (시편 69:21), 예수님의 다리가 부러뜨림을 받지 않는 것 (출애굽기 12:46), "그들이 찔러 죽인 그를 바라보고" (스가랴 12:10) 라고 한 말씀은 모두 구약에 나오는 예언의 성취이었다.

요한복음 저자는 십자가 위에서 죽임 당하시는 예수님을 예언의 완성으로 기록하고 있다. 그래서 십자가 위에서 "다 이루었다"고 말씀하시는 예수님을 보여주고 있다 (19:30). 예수님의 죽음은 예수님이 스스로 택하신 길이었다. 예수님은 모든 것을 아는 아들이시고, 아버지에게로 다시 돌아가는 창세 전부터 아버지와 함께 계셨던 말씀이시기 때문이다.

예수님의 장례 (19:38-42)

아리마대 요셉은 예수님을 따르는 제자였다. 그러나 다른 유대인들이 무서워 숨어 있었던 사람이었다. 그는 산헤드린 공회원 중 한 사람이었다. 부자였다. 권력을 가지고 있었다. 그러나 그는 유대 사회에서 쫓겨날까봐 자기가 기독교인이라는 사실을 감추고 있었는데, 이상한 것은 예수님이 십자가에서 죽으시는 것을 보고 그는 오히려 더 용기를 내고 있다는 점이다. 담대하게 공공연히 그는 예수님의 시신을 거두게 해달라고 요구했던 것이다. 예수님의 십자가의 죽음이 요셉에게 예수님이 진정 하나님의 아들이라는 확신을 갖게 하는데 큰 영향을 준 것 같다. 믿음이 행동으로 나타나려면 용기가 필요하다.

이 일에 아리마대 요셉과 함께 니고데모가 합세한다. 니고데모 역시 공회원 중의 한 사람이었다. 그는 선하고 의로운 사람이었다. 그도 예수님이 죽으신 후에 오히려 더욱 용기를 내어서 요셉과 동조하여 예수님의 시체에 비싼 향유를 바르고 장례를 치렀다. 의로운 일을 하려면 용기가 필요한 것이다. 마음의 생각만으로 남아 있지 않고 행동으로 옮기려면 용기가 필요한 것이다.

2. 생활 속의 이야기

내 아들이 초등학교 2학년 때의 일이다. 그가 그렇게 원하던 어린이 야구팀에 들어가게 되었다. 그에게 있어서 이 사건은 너무나 엄청난 꿈의 실현이었다. 그런데 기뻐하기도 전에, 오는 주일에 시합이 있으니 나오라고 하는 것이 아닌가! 그에게는 주일에 교회를 빠지고 다른 일을 한다는 것이 있을 수가 없는 일이었다. 그는 마음에 갈등이 생겼다. 그는 담대히 야구 코치에게 가서 자기는 더 이상 이 팀에 속할 수 없다고 말했다. 놀란 코치가 "왜" 그만두려고 하느냐고 묻자 자기는 크리스천이기 때문에 주일에는 교회에 가야 한다고 말했다. 그 아이의 용기와 신념에 감동되었는지 야구 코치는 이렇게 말했다. "너는 주일에 하는 게임에는 안 나오더라도 이 야구 팀 멤버로서 뛸 수 있다"고 말해 주었다. 이 아이는 교회도 나갈 수 있게 되었고, 야구도 계속 할 수 있게 되었다. 훗날 그가 장성해서 세상에서 더 큰 도전을 받아도 용감하게 올바른 선택을 할 수 있는 아이가 되기를 기도한다.

3. 묵상을 위한 질문

(1) 내가 신앙을 실천하려 했을 때에 실패했던 경우나, 성공했던 경우를 서로 나누어 보자.

(2) 이방인이었던 빌라도는 오히려 예수님을 살려 주려고 했는데, 왜 하나님을 믿는다고 하는 종교 지도자들은 예수님을 죽이려 했을까?

4. 결단에의 초청

우리가 주님을 믿는다고 하면서도, 주님의 뜻을 따라 살기보다는 내 생각과 나의 경험에 따라 살아가고 있는 자신의 모습을 볼 때마다 깜짝 놀라게 됩니다. 무엇이 선한 일인지 알면서도 그렇게 살지 못하고 있는 자신의 모습을 볼 때가 있습니다. 그 이유는 어디에 있을까요? 나의 불이익을 감당할 용기가 없기 때문이 아닐까요? 용기가 없는 이유는 무엇일까요? 그것은 하나님을 전적으로 신뢰하지 못하기 때문이 아닐까요? 하나님께 전적으로 내어맡기고 살기보다는 나의 욕심에 따라 살고 있기 때문이 아닐까요?

세상적인 방법으로 세상을 살아가기보다는 하나님을 신뢰하고 담대하게 살아갑시다. 오늘 다시 나의 믿음 없던 모습을 깨닫고, 다시는 그렇게 살지 않겠다고 다짐해 봅시다. 내 힘으로 옳은 일을 해내려 하지 말고, 하나님 앞에 도움을 청해 봅시다. 어떤 문제가 생겼을 때 "하나님, 도와주세요!" 라고 주님의 도움을 청합시다. 그리하면, 성령님께서 우리를 도와주실 것입니다. 성령님의 힘에 붙잡히면 우리는 우리를 사랑해주시는 하나님의 능력으로 모든 일을 넉넉히 해나갈 수 있게 될 것입니다.

제10과

부활과 사명

요한복음 20-21장

1. 성경 이해

　예수님에 대한 이야기는 그의 죽음에서 끝나는 것이 아니었다. 예수님을 믿고 따르는 사람들에게는 보혜사 성령이 오시리라고 약속되어 있다. 그들이 성령을 받으면 예수님에 대한 증거가 계속 될 것이라는 것이다. 제자들의 증거로 말미암아 새롭게 믿게 되는 사람들이 생길 것이라는 것이다. 요한복음 20장과 21장은 바로 이 새로운 이야기의 시작이다.

빈 무덤 (20:1-10)

　요한복음에서는 막달라 마리아 혼자 주일 아침 일찍이 예수님의 무덤으로 찾아 갔다. 마리아는 누구보다 제일 먼저 닫혀있던 무덤의 큰 돌문이 옆으로 옮겨져 있는 것과, 예수님의 시신이 없어진 것을 목격했다. 마리아는 예수님을 반대하던 사람들이 이렇게 한 것으로 생각했지, 예수님이 부활하셨으리라고는 상상도 못했다. 마리아는 제자들에게 가서 이 사실을 알렸고, 사랑 받는 제자인 요한과 시몬 베드로는 급히 무덤으로 달려갔다. 무덤은 비어 있었으며, 시신을 둘러쌌던 옷들이 잘 개어져 놓여 있었다.

두 제자가 들어가서 빈 무덤을 보고, 사랑 받던 제자는 "믿었다"고 8절에 기록되어 있다. 무엇을 믿었다는 것일까? 예수님이 부활하셨다는 것을 믿었다는 뜻일까? 8절에 나오는 "믿었다"는 말은 시체가 없다는 사실을 믿었다고 생각할 수 있다. 왜냐하면 9절에 다음과 같이 기록하고 있기 때문이다. "그들은 성경에 그가 죽은 자 가운데서 다시 살아나야 하리라 하신 말씀을 아직 알지 못하더라" (20:9). 그러나 부활하신 예수님을 만나 본 후에 결론적으로 이 제자는 예수님의 부활을 믿게 되었다. 믿는 자에게 있어서 "빈 무덤"은 부활의 증표(sign)가 되는 것이다.

무덤 밖에서 울고 있던 마리아 (20:11-18)

마리아가 울고 있었다는 사실은 아직도 마리아는 예수님의 부활을 믿지 못하고 있었음을 시사해 주고 있다. 울고 있는 마리아에게 예수님이 직접 나타나셨다. 마리아는 아직도 예수님을 알아보지 못하고, 그를 동산지기인줄로만 알고 있었다. "마리아야!" 라고 부르시는 음성을 듣고 그제서 예수님 인줄 알았다. 너무 기뻐 예수님을 만지는 마리아에게 내가 아직 아버지께 올라가지 않았으니 만지지 말라고 예수님이 말씀하신다. 그리고 마리아는 이 부활을 전하라는 사명을 받는다. "나를 붙들지 말라 내가 아직 아버지께로 올라가지 아니하였노라 너는 내 형제들에게 가서 이르되 내가 내 아버지 곧 너희 아버지, 내 하나님 곧 너희 하나님께로 올라간다 하라" (20:17). 마리아는 받은 사명을 감당하였다. 부활의 영광에 참예한 자들에게는 언제나 예수님의 부활을 증거해야 하는 사명을 받게 되는 것이다.

제자들에게 나타나신 예수님 (20:19-29)

예수님을 잡아 죽였던 유대인들의 무리가 무서워서 제자들은 문을 꼭 잠그고 방에 숨어 있었다. 그때에 예수께서는 기적적으로 그들 가운데로 들어오셔서, "너희에게 평강이 있을지어다" 하고 인사말을 하셨다. 그러고 나서, 못 자국과 창 자국이 아직도 생생하게 있는 두 손과 옆구리를 그들에게 보여주셨다.

예수께서는 자신이 다시 살아나신 것을 보여주신 후에 곧 이어서 그들에게 사명을 주셨다. "아버지께서 나를 보내신 것 같이 나도 너희를 보내노라" (20:21). 보냄을 받은 사명은 죄를 사함 받게 하는 구원의 사명이었다. 그리고 그 사명을 감당할 수 있도록 성령을 부어주시었다 (20:22).

도마에게 다시 나타나셔서 예수님의 손과 옆구리를 만져 보라고 말씀하신 것은 예수님의 부활 사건을 의심하지 말라는 것이다. 예수님은 도마에게 말씀하셨다. "의심을 떨쳐 버리고 믿음을 가져라." 믿게 될 때까지 의심 많았던 도마도 굉장한 신앙고백을 하게 되었다. "나의 주님, 나의 하나님!" 그렇다. 예수님은 나의 하나님으로 고백되어져야 한다.

부활하신 예수님은 약속하셨던 성령을 제자들이 받도록 숨을 내쉬며, "성령을 받으라" 하셨다. 창세기에서 하나님이 인간을 만드시고 숨을 불어 넣어 주셔서 생령이 되게 하신 것 같이, 예수님께서도 성령을 불어 넣어 주셔서 제자들에게 새로운 생명의 삶을 불어 넣어 주셨다. 그리고 아버지가 나를 이 땅에 보내신 것 같이 나도 너희를 세상에 보낸다 하셨다. 제자들로 하여금 구원을 이루는 사명을 이행할 수 있게 하기 위해서 성령을 주신 것이었다.

고기 잡는 기적 (21:1-14)

시몬 베드로, 도마, 나다나엘, 세베대의 두 아들, 즉 야고보와 요한, 그리고 이름이 밝혀지지 않은 다른 두 제자가 여전히 옛날로 돌아가 디베랴 호수(갈릴리 바다)에서 고기를 잡고 있었다. 얼마나 처량한 모습인가? 부활하신 예수님을 보고서도 그들은 무엇을 어떻게 하여야 할지 몰랐다. 그리고 부활하신 예수님으로부터 "죄 사함"의 사역을 명령 받았음에도 그들은 받은 사명을 감당하지 않고 예수님을 만나기 전의 자신들의 모습으로 돌아갔던 것이다.

예수님은 한심스러운 제자들을 아직도 버리시지 않으시고 찾아 오셨다. 낙심 가운데 아무런 생동력 없이 밤새도록 고기 한 마리도 잡지 못하고 있는 그들에게 예수님은 찾아 오셨다. 불쌍한 그들을 해변에 서서 물끄러미 바라보고 계셨던 예수님은 그들에게 그물 던질 곳을 지시하셨다. 부활하신 예수님은 당신이 전에 하셨던 사역을 다시 시작하셨다. 예수님의 말씀을 듣고 그대로 따른 그들은 많은 고기를 잡게 되었다.

예수님은 생선을 구워 빵과 함께 제자들에게 아침을 나누어 먹이셨다. 이 모든 일들은 부활 전에 예수님이 행하셨던 많은 이적들을 기억하게 하였다. 부활하신 예수님에 대한 사실을 이젠 모두 믿게 된 것이다. 요한복음 저자는 이제 제자들이 어떻게 살아야 할 것인가에 대해 강조하고 있는 것이다. 성령의 역할을 강조함으로 서로 사랑하고 서로 하나가 되어야 할 것을 강조하고 있는 것이다.

예수님과 시몬 베드로 (21:15-19)

이제 새롭게 시작되는 믿음의 공동체에서 중심적인 인물로 베드로가 다시 등장하며, 그가 담당할 역할이 강조되고 있다. 요한복음 10장에서 예수님에게 적용되었던 선한 목자상이 이제 베드로에게 적용되고 있다. 예수님이 베드로에게 "네가 나를 사랑하느냐?" (21:15) 라고 물으신 것은 '네가 나의 제자이냐' 라는 질문이다. 왜냐하면 진실한 제자는 예수님을 사랑하는 사람이고, 그의 계명을 지키는 사람이기 때문이다 (14:15, 21, 23). 이 질문에 긍정적으로 대답한 베드로에게 예수님은 확실한 과업을 주셨다.

"내 양을 먹이라"는 과업이다. 예수님은 자신의 목자 역할을 베드로에게 물려주신 것이다. 예수님이 이 땅 위에 계시지 않을 때, 예수님을 믿는 제자들에게 그의 양 떼를 돌보라고 맡기신 것이다. 세 번씩이나 물으시는 예수님의 질문에 세 번씩 긍정적으로 대답하는 베드로에게 예수님은 당신의 양들을 맡기시고 계신 것이다.

결론 (21:24-25)

예수님과 제자들과의 대화로 요한복음의 막이 내려진다. 결론은 요한복음서 전체를 통하여 흐르고 있는 주제인 "증언"으로 끝을 맺는다. 이 복음서에 기록된 모든 사실은 진실이다. 왜냐하면 이 모든 사실을 직접 목격했던 사람, 예수님으로부터 사랑 받던 제자가 썼기 때문이다.

2. 생활 속의 이야기

　친구의 권유에 못 이겨 교회에 다니던 성도 한 분이 계시다. 믿음도 없이 교회를 다니는 것이니 무슨 재미가 있었겠는가? 설교도 귀에 들어오지 않고, 교회에 나오는 것이 별 의미가 없으니, 힘들면 안 나오고, 특별한 일 없으면 나오고 하는 신자였다.
　어느 날 그의 생애에 너무나 큰 사건이 터졌다. 두 아들 가운데서 대학에 다니던 작은 아들이 세상을 떠난 것이다. 이 세상에서 자기 생명보다 더 소중하게 여기던 아들인데, 그 아들을 잃은 것이다.
　어머니의 마음은 걷잡을 수 없었다. 슬픔과 불안으로 잠을 이루지 못하는 날들을 보내다가 하나님의 말씀을 읽고 마음의 안정을 얻을 수 있을까 하여 성경책을 열고 창세기를 읽어 내려가기 시작했다. 하나님께서 모든 것을 창조하실 때마다 "좋았더라" 하시다가 마지막 인간을 지으시고는 "심히 좋았더라"는 구절을 읽다가 갑자기 눈이 뜨이는 듯한 진리의 말씀이 가슴에 남았다. 우리의 생명이 이렇게 귀중한 것이라면 모든 인간은 다 그렇게 귀중한 것이 아니겠는가! 갑자기 인간애가 그의 가슴에서 솟아나오면서 사람들이 귀중하게 보이기 시작했다. 그는 뉴욕 브랑스에서 가게를 경영하고 있었는데, 전에는 가게에 드나드는 사람들이 그렇게 눈에 거슬리고 탐탁치 않았었는데, 이제는 한 사람 한 사람이 그 속에 생명이 들어 있다면 얼마나 하나님 앞에 귀중한 존재인가 하는 눈으로 그들을 보게 되었고, 그들이 사랑스럽기 시작했다. "그래, 살아 숨만 쉬어도 좋은 거야. 사랑 받을 넉넉한 이유가 있는 거야!" 그는 새로운 가치관을 갖게 된 것이다. 사랑하는 자식의 생명을 잃고 난 후, 생명보다 더 중요한 것이 세상에 없다는 사실을 깨닫게 된 것이다.

지금까지 중요하지 않은 것들을 위하여 살던 사람이, 이제는 사람의 생명을 살리는 일이 중요하다는 사실을 깨닫게 된 것이다. 옛날에는 술 먹고 들어오는 남편에게 바가지를 긁어서 항상 집안이 시끄러웠는데, 이제는 그 남편이 사랑의 대상으로 보여지는 것이다. 전에는 내 뜻대로 되지 않으면 집안을 휘저었던 사람이, 이제는 가족을 먼저 생각하고, 가족을 위하게 되었다. 집안이 조용해진 것이다. 예전엔 자기만을 위해서 분주히 놀던 사람이, 이제는 양로원에 가서 노인들을 보살피며 사랑하고, 교회에서 봉사하는 일로 바빠졌다. 예전엔 가게에 가서 장사하는 일에만 매달렸었는데, 이제는 남을 위하여 할 일이 생기면, 한 사람을 일당 주어 가게에 놓고, 자기는 가서 봉사하는 사람으로 변해 버렸다. 이 분은 다시 태어난 사람이다. 성령의 힘으로 다시 태어난 사람이다. 위에서부터 태어난 사람이다. 다시 태어난 사람은 가치관이 바뀐다. 생명의 귀중함을 알게 된다. 그리고 그 생명을 위해서라면 다른 모든 것을 이차로 돌릴 줄 안다.

3. 묵상을 위한 질문

(1) 옛날의 내가 죽고 새로운 나로 다시 태어난 부활의 사건을 체험한 적이 내게 있는가?

(2) 나를 통하여 예수님을 구주로 받아들이며 믿게 된 사람들이 있는가?

(3) 예수님 때문에 살고 있다는 체험을 해본 적이 있는가?

4. 결단에의 초청

예수께서는 죽음의 권세를 깨뜨리고 부활의 첫 열매가 되셔서 우리도 그 부활에 동참케 하셨습니다. 주님께서 다시 오실 때에 모든 사람들이 부활할 것을 우리는 믿습니다. 동시에 성경은 우리가 오늘 새로워질 수 있다고 말합니다. "그런즉 누구든지 그리스도 안에 있으면 새로운 피조물이라 이전 것은 지나갔으니 보라 새것이 되었도다" (고린도후서 5:17).

주님 안에 사는 사람은 주님의 눈으로 세상을 보게 되기 때문에 세상은 어제와 조금도 다를 것이 없지만, 그 세상을 보는 눈이 달라졌기 때문에 세상이 새롭게 보이는 것입니다. 생활 속의 이야기에 나온 성도님, 그가 25살 되는 아들을 잃게 되었지만, 주님 안에서 죽음을 보게 되었고, 사람들을 보게 되었을 때 그가 새로운 피조물이 된 것 같이, 우리 모두가 다 새로워질 수 있습니다. 죽음을 통해서 생명을 얻을 수 있다는 말씀입니다.

오늘 내가 죽어야 할 옛 모습이 무엇인지 찾아보고, 그것을 십자가에 못 박아 버리시기를 바랍니다. 그리고 새로운 사람으로 다시 태어나시기를 바랍니다.

www.ingramcontent.com/pod-product-compliance
Lightning Source LLC
Chambersburg PA
CBHW010918040426
42444CB00016B/3444